監修者――五味文彦／佐藤信／高埜利彦／宮地正人／吉田伸之

［カバー表写真］
横須賀に入港するキティホーク
（1998年８月10日）

［カバー裏写真］
海上自衛隊の対潜哨戒機Ｐ－３Ｃ

［扉写真］
沖縄国際大学校舎に墜落した米軍ヘリ
（2004年８月13日）

日本史リブレット 67

新安保体制下の日米関係

Sasaki Ryūji
佐々木隆爾

目次

①――日米安保体制の発足

日米関係の現代史とは

一九五一(昭和二十六)年九月八日、サンフランシスコ講和条約が調印されたが、その同じ日の夕方、日米安全保障条約(日米安保条約)も調印された。これらはその後の半世紀以上にわたる日米関係の基軸となり、安全保障問題――軍事問題を両国関係の最重要問題とするかなめの役割を果たしてきた。そのため、日米関係の現代史を語ろうとすれば、日米安保条約がどのように運用され、両国民の歩みを方向づけてきたかを追跡することを、中心にすえざるをえないのである。

基軸となった軍事的関係

現実を直視するかぎり、戦後の日米関係は、安保体制に代表されるような軍事的関係を抜きに語ることができないものとなった。それを決定づけたのは、日本がアメリカの海軍基地であるハワイの真珠湾《しんじゅわん》に宣戦布告なしの大規模な攻撃▲を加え、アメリカ国民をかつてなく激怒させたという事実である。この結果、アメリカは第二次世界大戦に参戦し、ヨーロッパ戦線で主導権を握るとともに、対日戦争では可能なかぎり独力で日本を屈服させようとする戦略をとった。その一環として硫黄島《いおうとう》の死闘や、人口一〇〇万人に満たない島嶼《とうしょ》に五五万人からなる米軍が押しよせた沖縄戦の酸鼻《さんび》、東京大空襲をはじめとする都市への無差別爆撃、今も唯一の核戦争の事例となっている広島・長崎への原爆投下の残虐などなどの、もっとも戦慄すべき記憶を歴史にとどめることとなった。

　この結果、一九四五(昭和二十)年八月十五日、無条件降伏した日本に対し連合軍は占領管理を実施し、約四三万人の米軍を中心とする占領軍を日本に進駐させ、日本軍の武装解除と戦後改革を実施した。おりから冷戦が激化しつつあったため、日本はアメリカ主導の戦後復興のモデルケースに位置づけられ、軍国主義の徹底した排除を本来の目的とする占領管理が、途中から戦争・戦災からの復興と経済成長を誇示する政策へと転換されるようになった。このため、占領管理は六年八カ月にわたり、日米同盟の前提を作り上げるまで終結しなかった。

▼ハワイの真珠湾攻撃　ハワイ時間一九四一年十二月七日、日曜日、日本軍連合艦隊の機動部隊が真珠湾の米国太平洋艦隊を壊滅させる目的で行った奇襲攻撃。日本が米国政府に宣戦布告文を手渡す予定が遅延し、宣戦布告なしの完全な不意打ちとなった。日本軍は二次、三五〇機で空襲を行い、戦艦四隻の撃沈など多大の損害をあたえた。当日の米国側死者は民間人六八人を含め、二四〇三人であった。日本軍は戦死者一八五人・捕虜一人とされる。

朝鮮戦争とその遺産

一九五〇年六月二十五日、朝鮮戦争が勃発した。北朝鮮(朝鮮民主主義人民共和国)側からのよく準備された韓国「解放」戦争であった。

アメリカはこれを韓国への侵略と受け取っただけでなく、ソ連や中国に後押しされた社会主義圏拡大のための戦争と断定した。そのため、占領下にあった日本と沖縄を基地にし、国連による警察行動を名目に、北朝鮮に対して徹底的な破壊攻撃を推進した。沖縄の嘉手納《かでな》基地はB29の最大の発進基地とされ、本土では東京の立川《たちかわ》基地を中心に、北は北海道の千歳《ちとせ》から南は九州の板付《いたづけ》・築城《ついき》までが空爆や輸送の基地として利用された。占領管理という軍政を主目的とするはずの在日米軍は、戦闘部隊に再編成されて朝鮮戦線に送られた。連合国軍最高司令官であったダグラス＝マッカーサー▲は国連軍司令官を兼任し、戦争の指揮をとった。前線に出動した米軍兵士の家族や軍属を守るため、マッカーサーは一九五〇年七月八日、日本政府に七万五〇〇〇人の警察予備隊の創設を指令した。これを受けて八月十日、日本政府は警察予備隊令▲を制定し、警察予備隊を組織し始めた。日本は発進基地となっただけでなく補給・修理・訓練・医

▼**ダグラス＝マッカーサー**　一八八〇〜一九六四年。米国の陸軍元帥。占領下の日本で連合国軍最高司令官を五年八カ月つとめた。日米開戦直前から米極東軍司令官となり、開戦直後、"I shall return."の言葉を残して比島から撤退し、反攻して日本を占領、最高司令官となった。朝鮮戦争で国連軍司令官をかねたが、大統領と衝突して解任された。

▼**警察予備隊令**　一九五〇年八月十日、ポツダム政令として公布・施行されたもので、七月八日のマッカーサー書簡に従い、七万五〇〇〇人の警察予備隊を組織する法令となった。マッカーサーの意図は、朝鮮戦争の開始とともに朝鮮に派遣された在日米軍の空白を埋め、米軍人・軍属の家族の安全と日本の治安を守るための軍事力を創設することにあり、軍事顧問団長にコワルスキーが、初代警察予備隊長に増原恵吉《ますはらけいきち》が就任した。

療・慰安など、大規模化した戦闘を長期に支える根拠地として利用された。

この間にジェット戦闘機の修理が求められ、軍需産業に転用される可能性ありとして禁止されていた航空機産業が復活させられ、ジェット・エンジンや耐熱金属の生産技術が日本に移転された。講和条約が発効した一九五二(昭和二十七)年四月以後は、迫撃砲《はくげきほう》・榴弾砲《りゅうだんほう》およびそれらの弾丸までが大量に生産・供給された。多数のトラックが提供され、テントやパラシュートなどの繊維製品の注文により、主産地はいわゆる「ガチャマン景気」▲にわいた。米軍のこうした注文を特需《とくじゅ》と呼んだが、その額は一六億二〇〇〇万ドル(邦貨換算で五八三〇億円)で、一九五〇年度予算に匹敵するほどの巨額に達し、日本経済を一挙に戦前水準に引き上げた。

▼**ガチャマン景気**　朝鮮戦争の開始とともに米軍から日本側に大量の軍事物資が発注され、とくに開戦当初は土嚢用麻袋や毛布・衣類など繊維製品の需要が多く、そのため日本の繊維業界は好況にわいた。これをガチャマン景気と呼ぶ。「ガチャマン」とは、織機が一度ガチャンと動くたびに一万円もうかるという意味といわれ、転じて、この時期の他の業種も含めた「濡れ手に粟」の好景気をさす言葉となった。

サンフランシスコ講和と日米安保条約

対日平和条約は朝鮮戦争のはるか以前から論議され、アメリカは冷戦《れいせん》時代に米ソが協調する講和は不可能との観点から、米英が中心になって草案を作成し、それに賛成する国が調印するという「単独講和」方式を考えていた。朝鮮戦争が

●──サンフランシスコ講和条約の調印式(一九五一年九月八日)　吉田茂全権が最後に調印し、条約受諾の意思を表明した。

始まると情況が一変し、アメリカは講和条約発効後も日本が朝鮮戦争の基地として利用できることや、とくに沖縄に対する占領行政を継続し、嘉手納基地などを大々的に利用できるような講和方式を追求するようになった。そこで講和条約には、アメリカが沖縄の国連信託統治を申請する予定であるが、それが決定されるまで、当分のあいだ沖縄の施政権はアメリカが行使するという条文を盛り込んだ。また、日本は戦争と軍備を放棄しているため自国の防衛ができないので、他の一国または数カ国と安全保障条約を結び、独立後も外国軍を駐留させることができるという条文もいれられた。

イギリスが提案した特定の産業の復興に対する制限や日本の軍事大国化を監視し防ぐための委員会を設置することを決めた条項などはすべて削除された。これらが規定されれば、占領下で実行されていた日本各地での修理作業や、特需の提供などが大きく制限され、不可能となる場合さえ予想されたからである。

講和条約は一九五一(昭和二十六)年九月八日午前中に調印された。その日の午後、日米安保条約が調印された。これは、「無責任な軍国主義がまだ世界から駆逐されていないので」、日本国はその防衛のための暫定的措置として、日本への外部の武力攻撃を阻止するために、日本国内およびその付近にアメリカ合衆国がその軍隊を維持することを求め、アメリカ側はこれを受諾するが、同時に日本が自国の防衛のために漸増的に責任をおう(再軍備を進める)ことを希望するとしたものである。駐留米軍については、日本に対する外部からの武力行使や大規模な内乱・騒擾の場合には日本国の要請に応じて、また極東における国際の平和と安全の維持に寄与するために使用されると規定された。これによって、米軍は講和発効後も日本および沖縄の基地から出撃し、利用することができるようになった。

駐留米軍の基地(「施設及び区域」)の詳細や出動の際の指揮権、米軍・軍属が犯罪を起こした場合の処置などの細目は、日米行政協定で規定されることになった。行政協定の内容に関する交渉は東京で行われた。その眼目の一つは、安保条約による米軍の駐留が、日本国民に占領の継続という印象をあたえないようにすることであり、そのため米軍が駐留する「施設及び区域」を行政協定の発効後に日米で協議することになり、一九五二(昭和二十七)年七月二十六日に結ばれた「在日米軍に提供する施設、区域に関する協定」の付表として米軍基地の一覧表が添付された（次ページ図参照）。行政協定ではまた、有事の際、司令官に米軍人が就任するという案がアメリカ側からだされたが、日本側はあまりに従属国的な印象をあたえるとして反対し、その都度協議すると改められた。勤務中の米軍人が犯罪を起こした場合の裁判権についても激論が交わされた。アメリカ側は、すべてアメリカの軍法で裁くことを提案したが、日本側は「それではフィリピン以下的であり、国民から治外法権《ちがいほうけん》として非難する声があがるだろう」と反論した。アメリカ側は、日本側から防衛力増強の努力を強め、とくに法的整備に尽力する（憲法を改正し再軍備を可能にする）という誓約書が提出されたのを受けて、一定の譲歩をし、二月末に調印され、安保条約と同じく一九五二年四月二十八日に発効した。

問題の所在

このとき発効した安保条約には、「暫定的」なものと明記されているが、これはアメリカ側からすれば、軍事援助を提供する場合に必須とされていた「ヴァンデンバーグ決議▲」との合致を満たしていないと考えたことを意味しており、

▼**ヴァンデンバーグ決議**　一九四八年六月十一日、米上院外交委員長Ａ・ヴァンデンバーグの主導でなされた上院の決議。北大西洋条約を結ぶ前提としてトルーマン大統領の要請によりなされた決議で、米国が孤立主義をすてて防衛条約に参加すること、そのため軍事援助を行う際には、締約相手国が自国への武力攻撃に対して「個別的または集団的自衛権を行使する決意を表明すること」を条件とすることとした。以後、米国はこれを相互防衛条約一般の基準とした。

▼ＭＳＡ援助　一般には一九五一年十月米国で制定された相互安全保障法(Mutual Security Act)に基づく米国からの軍事援助をさす。日米間では一九五四年三月八日、岡崎勝男《おかざきかつお》外相とアリソン駐日大使のあいだで「相互安全保障協定」「農産物購入協定」などがＭＳＡを根拠として結ばれたため、こう呼ばれる。米国の提供する余剰農産物を日本で販売し、代金を援助資金にした。

▼岸信介　一八九六〜一九八七年。山口県出身の政治家で佐藤栄作《さとうえいさく》の実兄、安倍晋三《あべしんぞう》は孫。東大卒。一九三六年渡満、満州《まんしゅう》経済開発政策を進め、四一年東条英機《とうじょうひでき》内閣の商工相、軍需省次官として戦時統制経済を推進、戦後Ａ級戦犯容疑者とされた。一九五六年末、民主党・自民党の幹事長から石橋《いしばし》湛山《たんざん》内閣の外相となり、五七年二月、岸内閣を組織し、日米安保条約の改定を強行した。改定後辞職

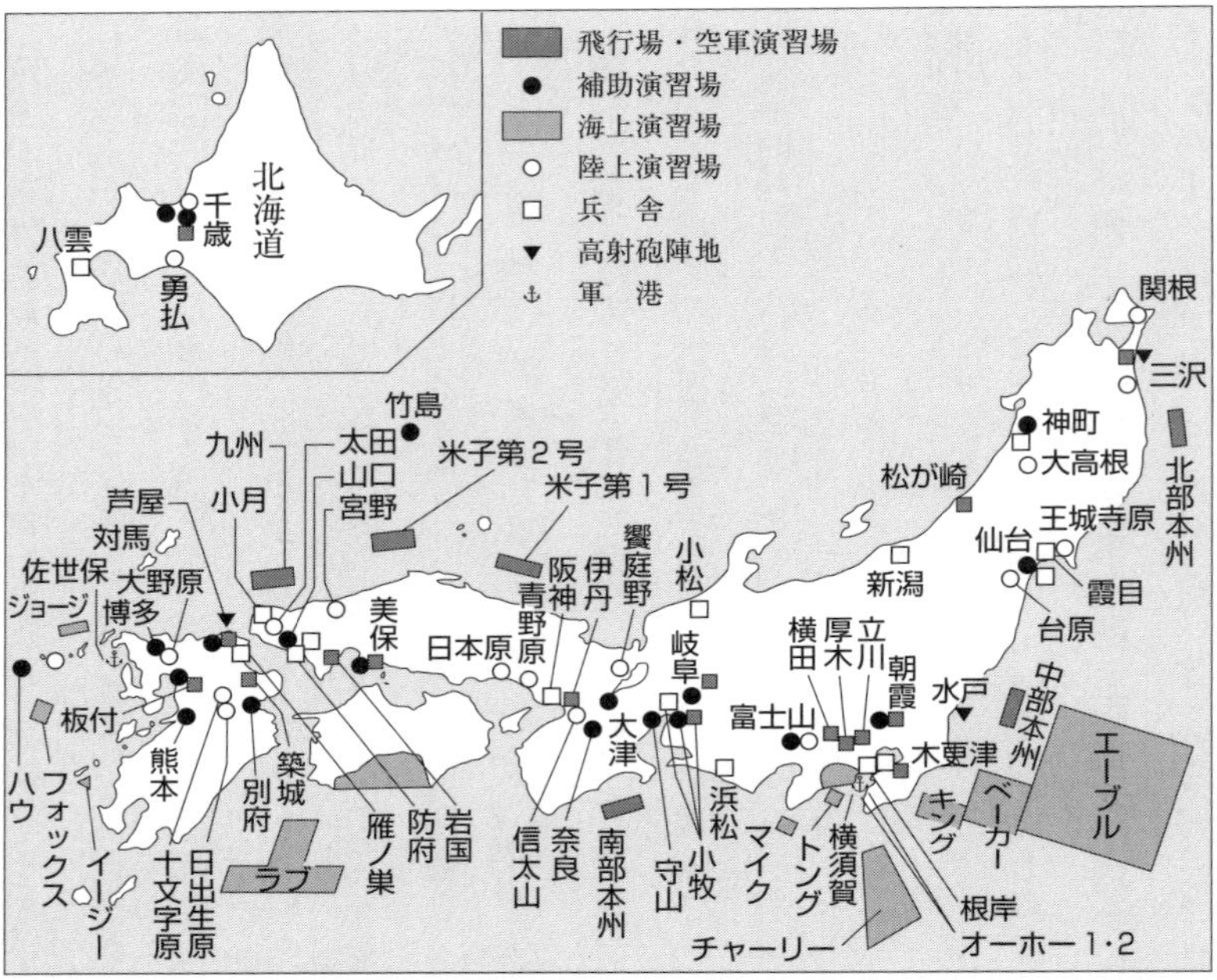

●──在日米軍の主要施設区域（『毎日年鑑』1953年版による）　「日米行政協定」では，米占領軍が使用中の「施設及び区域」（米軍基地）は，あらたな合意ができるまでは講和発効後も継続使用できるとし，駐留軍のそれは，発効後協議して決めるとされた。日米合同委員会で協議が行われ，1952年7月26日，「在日米軍に提供する施設，区域に関する協定」が調印され，明細は付表に一覧表の形で記載された。地図がなく，『毎日年鑑』の地図化でようやく概要が把握できる。

日本側からみればあまりに不平等な条約・協定であるとの判断を示している。

一九五四(昭和二十九)年七月一日、防衛庁設置法と自衛隊法が施行され、アメリカのMSA援助▲により陸上・海上・航空の三自衛隊が発足した。その後、一九五七(昭和三十二)年二月に岸信介《きしのぶすけ》内閣▲が成立し、防衛力増強を急ぐ政策を進めた。この内閣のもとで設置された国防会議は同年六月一日、第一次防衛力整備三カ年計画▲を決定した。これを決定した五日後の六月十九日、岸首相は訪米してアイゼンハワー▲大統領と会見した。ここで安保条約をみなおすための日米安保委員会を設置することが合意され、岸は「日米新時代」を強調した。こうして安保条約の改定が日程にのぼったのである。いうまでもなく、これは日米両国の首脳レベルで合意されたことであり、国民世論が、圧倒的に日本国憲法の擁護を求め、再軍備に反対していたことは、まったく無視されていた。

し、自主憲法制定国民会議会長などをつとめた。

▼第一次防衛力整備三カ年計画　戦後初の公式の防衛力整備計画で、五八～六〇年の三年間に陸上自衛隊を一八万人、予備自衛官を一万五〇〇〇人に、海上自衛隊の艦艇を一二万四〇〇〇トン、航空自衛隊の航空機を一三〇〇機にし、自衛隊を本格的な軍事力に成長させることをめざした。

▼アイゼンハワー　一八九〇～一九六九年。ドワイト＝D・アイゼンハワー。第二次世界大戦中、陸軍参謀本部作戦部長・ヨーロッパ連合軍最高司令官を歴任し、ノルマンディー上陸作戦を指揮、戦後は陸軍参謀総長となった。一九五二年の大統領選で当選、翌年第三十四代大統領に就任した。ダレスを国務長官とし、朝鮮戦争を停戦し、南ベトナムに親米政権をつくり、日米新安保条約に調印した。

②—安保条約の改定

安保改定交渉の開始

一九五八(昭和三十三)年九月二十八日、日本の政府・自民党連絡会議が開かれ、現行条約の部分的改定ではなく新条約締結という方式で安保条約の改定交渉を行うこと、および交渉を十月から開始することが合意された。これを受けて十月四日、東京で第一回の日米交渉が始められた。

一九五九(昭和三十四)年二月、改定条約についての「藤山《ふじやま》試案▲」が発表された。これにより新条約のアウトラインがはじめて国民に示された。これをもとに四月十三日より、日米交渉が再開された。

この要綱はつぎの点で民衆に衝撃をあたえた。第一は、日本に防衛力の維持・強化を義務づけた点である。安保条約は米軍に対する基地貸与協定から、日米共同作戦をめざす条約に拡大されるという印象をあたえたのである。また第二に「事前協議」条項は、アメリカが日本を根拠地として外国で作戦を行う際に、日本を戦争に巻き込む根拠をあたえるという危惧を感じさせた。第三にこ

▼**新安保条約の「藤山試案」**　一九五九年二月十八日に発表されたもので、その骨子は、(1)アメリカは日本を防衛する義務がある、(2)日本は自己防衛および在日米軍基地の防衛にあたる義務がある、(3)米軍が日本外の戦闘に日本の施設・区域を使用するときは事前協議を行う、(4)「間接侵略」と認められる場合も事前協議を行う、(5)新条約は、一〇年を経過したのちはいずれか一方からの予告で廃棄することができる、というもの。

▼**新安保条約**　正式には「日本国とアメリカ合衆国の相互協力及び安全保障条約」で、旧安保条約「日本国とアメリカ合衆国との安全保障条約」とは名称が異なるように、まさに新条約として一九六〇年一月十九日、ワシントンで調印され、同年六月二十三日批准をおえて発効した。

の新条約が、沖縄・小笠原《おがさわら》の返還を想定することなく結ばれようとしていることも明らかになった。

新安保条約の調印

東京での藤山・マッカーサー交渉は一九六〇（昭和三十五）年一月六日に終了し、調印は一月十九日、ワシントンで行われることになった。岸信介《きしのぶすけ》首相の一行は一月十六日に羽田《はねだ》を出発し、十九日には予定どおり新安保条約および「地位協定」に調印した。この条約は、アメリカ側からすれば米韓相互防衛条約・米華相互防衛条約・米比基地貸与協定・米比相互防衛条約・東南アジア集団防衛条約などとならぶものであるが、それらの多くがダレス国務長官の指揮により、インドシナ戦争や朝鮮戦争との密接な関連のもとに結ばれ、共産主義体制との軍事対決をおもな目的にしたものであった。これに対し日米新安保条約は、ダレスと交代したハーター国務長官が共存外交をめざしつつあったなかで交渉がなされたものである。この概要をみると、前文で「両国の間の一層緊密な経済的協力を促進」することを強調し、その主旨は第二条に明記された。第一条

▼地位協定　正式名称は「日本国とアメリカ合衆国との間の相互協力安全保障条約に基く施設および区域並びに日本国における合衆国軍隊の地位に関する協定」で、新安保条約と同日に調印され、同条約と同じく一九六〇年六月二十三日に発効した。これにより、一九五二年四月二十八日発効の「日米行政協定」は失効した。

▼ダレス　一八八八〜一九五九年。ジョン＝フォスター＝ダレス。祖父は元国務長官ジョン＝フォスター。一九〇七年のハーグ万国平和会議に祖父と参加、外交に関心をもち、弁護士兼外交官となる。第二次世界大戦中、国連の結成につとめ、戦後、対日講和特使として講和条約と日米安保条約の締結を指揮した。アイゼンハワー政権の国務長官となり、「大量報復」戦略を掲げ、反共強硬策を進めた。

では「それぞれの国際関係において、武力による威嚇又は武力の行使」を慎むことを約束するとした。しかし、第三条では武力攻撃に抵抗する能力を維持し発展させること、つまり日本の防衛力の強化を義務づけたのである。

これは一九五九（昭和三十四）年二月に発表された「藤山試案」の主張をほぼ受け入れたものであるが、「自由な諸制度の強化」をめざすことを明記するなど、日本がアメリカの冷戦《れいせん》政策を支持し、それにより深く関与することが義務づけられている点や、それを前提として、在日米軍の役割を、「日本国の防衛」だけでなく、「極東の平和と安全に寄与する」と規定したことは、注目すべきことである。これらは、のちのベトナム戦争で日本が米軍の作戦基地として利用される根拠となった。

安保闘争の高揚

一九六〇（昭和三十五）年二月、新安保条約批准案が国会に提出され、三月中旬から審議が開始された。この直後に安保条約改定阻止国民会議▲は全国代表者会議を開き、批准阻止に向けた行動計画を決定した。その計画では、あらゆる

▼**ハーター**　一八九五～一九六七年。クリスチャン＝A・ハーター。フランスに生まれ、一九歳で渡米。外交官・ジャーナリストなどをへて、一九五二～五四年、マサチューセッツ州知事をつとめ、五七年以降アイゼンハワー政権の国務次官、五九年四月、ダレスの辞任後国務長官となり、六〇年一月までつとめた。在任中、日米新安保条約を締結した。またソ連軍に撃墜された米軍U２機問題を外交交渉で解決し、軍事衝突を避けた。

▼**安保条約改定阻止国民会議**　一九五九年三月二十八日に結成された。前年十月結成された警察官

職務執行法改正案に反対する運動の全国的指導組織「警職法反対国民会議」を受け継ぎ、一三四団体が加盟し、参加人員は約四〇〇万人にのぼった。幹事団体は総評・原水協・護憲連合・日中友好協会・平和委員会・社会党など一三団体で構成され、共産党はオブザーバーとなった。都道府県に地方共闘会議がつくられ、おのおの重要な時点で統一行動を組織した。

町村をとおる網の目行進(「国民大行進」)を行うことや、国会審議のもっとも重要な段階で「労働組合の大規模なストライキを中核とし、国民諸階層の総決起体制を確立」することが決められた。「国民大行進」の参加者は一〇〇〇万人にのぼり、その間に集められた請願署名は四〇〇万人を超えたといわれている。

国会では、本会議・予算委員会・安保特別委員会で論議が行われ、新安保条約の問題点が明らかにされた。第一は、在日米軍の作戦行動の範囲である「極東」とはなにかという問題である。政府統一見解では「フィリピン以北およびその周辺」としたが、論議が深まるにつれて、この「周辺」には限定がなく、米軍が東南アジアで戦争を行えば、日本は自動的に加担・協力を義務づけられることが明らかになった。第二は「事前協議」の問題である。安保闘争のスローガンの一つは、「日本を核戦争に巻き込む安保改定反対」であったが、国会における岸首相の答弁は、もし在日米軍から配置・装備の重大な変更(たとえば核兵器の配備など)を行うという申入れがあった際、「ノーという場合が絶対にないとは考えていない」というもので、ほとんど無条件の受諾がほのめかされた。第三に、旧条約の「内乱条項」は文面では消えたが、新条約でも「間接侵略」の場合に在日米軍が出動し「日米共同作戦」で鎮圧することが想定されており、実質的に引き継がれていることが藤山愛一郎《あいいちろう》外相の証言で明らかになった。

運動の高揚と自民党内の反目

韓国で起こった四・一九革命▲は日本で進められていた第一五次統一行動に刺激をあたえ、運動をおおいに活性化させた。二十日から「国民総決起週間」が設定され、「一人一人が整然たる国会請願を行う」というスローガンのもとに、携えた請願者名簿を国会前で紹介議員に手渡す運動が進められ、二十六日にはこのヤマ場として「一〇万人規模の大衆的国会請願」運動が計画された。この日だけで国会に一三三万人の署名が記入された請願書一四万通が提出された。

四月十三日、外務省はアイゼンハワー米大統領が六月十九日に訪日することを発表した。このため、岸内閣はこの日までに新安保条約の批准を完了しなければならなくなった。岸内閣と自民党主流派は、安保条約審議を長引かせれば世論は一層政府に批判的になると判断し、国会審議を強引に終結させる挙にでた。そのため、四月二十二日に参考人を招致し、二十三日、衆議院本会議で、

▼**四・一九革命**　一九六〇年四月十九日、韓国で李承晩《イスンマン》政権を打倒した民衆運動。同年三月の大統領選で李承晩が権力を背景に票の操作で当選したが、これに抗議するデモに警官が発砲し少年を射殺した。四月十一日、怒った学生・市民が蜂起し、十八日、高麗《こうらい》大学学生らのデモに警官・暴力団が襲撃をかけると、翌十九日にかけてソウルから韓国全土にデモが波及し、李のだした非常戒厳令下で軍隊がデモ隊への発砲を拒否、李政権は崩壊した。

安保特別委員会小沢佐重喜《おざわさえき》▲委員長に中間報告を求める動議を提出した。これは、安保特別委員会の審議を中断し、一気に本会議での採決を行おうとするもので、自民党反主流派の了解を取りつけないまま強行されたものであった。この動議で本会議は大混乱に陥り、審議は中断した。これに対しては野党議員が強く反発しただけでなく、自民党反主流派の三木《みき》・松村《まつむら》派と石橋《いしばし》派議員も動議の審議に欠席することを決め、池田《いけだ》・石井《いしい》・河野《こうの》の各派もこれを強く批判した。この場は、清瀬一郎《きよせいちろう》衆議院議長の斡旋で自民党が中間報告動議を撤回し国会は安保条約批准案の審議に戻ったが、岸内閣に対する世論の信頼は急落した。

　五月五日、ソ連のフルシチョフ首相が、領空を侵犯した米軍Ｕ２機を撃墜したことを公表し、かつアメリカにこのようなスパイ行為をやめるよう求めた。アメリカはスパイ飛行を中止しないと応酬した。フルシチョフは、これまでの「雪解け」路線を投げすて、Ｕ２機などスパイ機の基地にミサイルの矛先を向けると警告した。まもなく日本の厚木《あつぎ》基地にもＵ２機が配備されていることが明らかになり、社会党は安保特別委員会でその退去を要求した。安保闘争の論点の一つに、日本が核戦争に巻き込まれる危険が大きくなるという主張があった

▼**小沢佐重喜**　一八九八〜一九六八年。岩手県生まれ。日本大卒。小沢一郎の父。弁護士から東京府会議員などをへて戦後初の総選挙に自由党から出馬・当選し、吉田《よしだ》茂《しげる》に重用され、吉田内閣の運輸相・建設相などを歴任した。自民党では岸総裁に国会内の調整力を見込まれ、日米安保条約に関する特別委員長に指名され、野党や自民党反主流派の反対を押し切って新安保条約批准案を可決・成立させた。小選挙区制の導入が持論で、それは一郎に継承された。

●――国会での新安保条約強行採決に抗議するデモ隊（一九六〇年六月十五日）

が、それがここへきて現実味をおびることになった。そのなかで五月十四日には第二回の一〇万人国会請願が行われたが、大学教授団・文化人らが独自の請願を行い、また請願の集団に三〇〇人の高校生が加わるなど、参加者層が急速に広がってきたことが実感された。群馬では、十二日、商店約六〇〇が「安保反対」の閉店ストを行い、中小企業者のあいだでの関心の高まりを実感させた。

岸首相は、腹心の閣僚や自民党幹事長・安保特別委員長・国会対策委員長らとはかり、五月二十日未明までに新安保条約批准案を衆議院で可決させるという方針を固めた。この日取りは、衆議院で批准案が可決されれば参議院で審議がなされなくても、六月十九日には批准案が「自然成立」することになりアイゼンハワーの訪日に間に合わせることができるとして決められた。この方針のもと、五月十九日、午後十時二十五分、衆議院安保特別委員会で強行採決、午後十一時四十九分、衆議院本会議で強行採決により五〇日間の国会会期延長を決定、五月二十日零時五分、衆議院本会議で強行採決により安保条約批准案と新協定関連法案を可決した。それまで自民党内で岸派と協力していた宏池会《こうちかい》の池田勇人《はやと》通産相が二十日、記者に「きのう安保を通すとは私は想像もしていなかった」と述べたように、これは自民党の領袖にも異常な行動にみえたのである。

新安保条約の発効と岸内閣の総辞職

岸内閣は二十日、参議院において安保条約関連国内法三十数件をわずか五分の審議で単独採決し、これらを通過させて強硬路線の上塗りを行った。

六月二十二日、国民会議は第一九次統一行動を行い、総評・中立労連五四〇万人をはじめ、学者・文化人・商工業者・学生など六〇〇万人（主催者発表。公安調査庁発表六六万三〇〇〇人）が参加し、戦後最大の統一行動と評されたが、もはや翌二十三日の新条約批准書の交換を阻止することはできなかった。

岸内閣は新条約の発効を待って退陣を表明し、七月十五日、総辞職した。

国民会議は、七月二十一日に第二一次統一行動を主催したが、参加者は激減した。安保闘争の波はこうして去ったのである。

池田内閣の成立と「低姿勢」

池田勇人▲内閣は一九六〇（昭和三十五）年七月十九日に成立したが、これは日

▼池田勇人　一八九九～一九六五年。広島県生まれ。京大卒。大蔵事務次官をへて一九四九年に代議士に当選、吉田内閣の蔵相になり、ドッジ公使のもとでインフレを克服した。自民党下で石橋首相を実現させ蔵相となった。岸首相の警職法案に怒って大臣を辞したが、新安保条約を支持して通産相に復帰、岸辞任後の一九六〇年七月総理に指名されて内閣を組織、「国民所得倍増計画」を掲げ十一月の総選挙で圧勝した。一九六四年十月喉頭ガンのため辞任した。

本財界主流の圧倒的な支持をえたものであった。そのスローガンは「低姿勢」（池田首相自身は「正姿勢」）とされた。議会運営では岸内閣式の与野党対決から話合いへ、治安立法強化よりも民生の安定へ、憲法改正の強調から先送りへ、庶民に親しまれる政治へなどの転換が公約された。とくに経済政策では一〇年間に国民総生産を二倍にする「国民所得倍増計画」が強調され、あたかも各個人の収入が「倍増」するかのような印象を広げた。この手始めとして一九六一（昭和三十六）年から三年間は経済成長率を九％とすること、および公共投資・社会保障・減税を政策の三本柱とすることが明言された。安保闘争の時期に対して「暗いイメージ」を抱いていた財界や国民大衆は、これを経済政策の「ニュールック」として歓迎した。この内閣のもとで行われた十一月二十日の総選挙では、自民党が二九六議席を獲得し、以下、社会党一四五、民社党一七、共産党三、無所属・諸派六となって、自民党が単独過半数を占め、かつ民社党が同年一月の結党時にもっていた四〇議席の半数以上を失うという大敗を喫した。

　アメリカ政府は池田内閣にきわめて強い信頼と支持をよせた。アメリカは、自民党を掌握し、世論を味方につけるという点で有能な政治家を求めていたのである。岸信介がアメリカからどれほど信頼を失っていたかは、彼が新安保条約を調印するため訪米した際の内部文書にいれられた「一九五八(昭和三十三)年末に[日本]政府が警察法改正という思慮を欠いた努力を行ったため、これに反対する全国的な激しい抗議がひき起こされ、そのため自民党に対する岸の掌握力と世論の支持はひどく動揺させられた」という痛烈な一句に象徴される。これに対し、池田首相が訪米した際の内部文書は、池田内閣が「[アイゼンハワー]大統領の訪日の中止を余儀なくさせた一九六〇年五・六月のデモンストレーション」のなかで成立し、(デモを組織した)「反政府派の社会主義者に最も巧妙に対処してきた」ものであり、そのために、「社会福祉計画と生活水準向上のための諸政策により大きな力点を置くようになった」と評価したのである。

この評価ははからずも新安保条約の締結にあたったアイゼンハワー政権と、新条約の運用にあたったケネディー▲政権との政策路線の違いを反映している。アイゼンハワー政権は、ダレス国務長官の有名な「大量報復」戦略にみられるように、ソ連を中心とする社会主義圏を威圧したり、共産主義者の指導する革命運動や民族解放闘争を鎮圧したりする方法として、もっとも信頼できるものは

▼**ケネディー**　一九一七〜六三年。ジョン＝F・ケネディー。最若年で民主党から大統領に当選、二十世紀生まれの大統領でカトリック教徒の点でも最初。ハーバード大卒。下院・上院各議員をへて一九六〇年の大統領選で当選し、六一年一月就任した。「大戦略」を掲げ、核戦争から対ゲリラ戦争にいたる全面的な軍拡をはかり、また「アポロ計画」を発足させ、世界を驚かせた。黒人の公民権運動を支援し、発展途上国開発計画も推進した。一九六三年十一月二十三日、ダラスで射殺された。

軍事力であるという立場を固持し続けた。すでに官僚や識者のなかには、アジア・アフリカに広がる独立運動や革命運動の基礎に、貧困・無権利・低開発状態から解放されたいという住民大衆の強い要求があることを察知し、こうした運動を武力で弾圧するだけでは解決がつかないのであって、先進国からの開発援助によって、低開発状態を打破することが先決であると主張する潮流も強くなってきていた(「ロストウ路線」)。アイゼンハワー政権も、末期にはこの主張を部分的に取り入れるようになった。ダレスが一九五八年九月に国連総会で演説し、低開発地域の経済成長を助長するために、国連が長期協力計画をつくるために特別の努力を行うべきであると提案したのは、この表れである。

しかし、アイゼンハワー政権のもとでは、新安保条約はなによりもまず、アメリカの極東戦略に従って駐留する米軍に、日本が強化された軍事力をもって積極的に協力することをめざすべきものであった。たとえば、この政権下で作成された秘密報告書「日本についての研究」では、新安保条約が結ばれた一九六〇年度に四・六億ドル(一六五六億円)であった日本の防衛予算は、六二年度には約一一億ドル(約四〇〇〇億円)にはねあがり、年々、地対空ミサイル・ナイキ二大隊、ホーク一大隊ずつを増強することが見積もられているが、これは、日本の防衛力の増強にかけられた期待の大きさを物語っている。

ケネディー政権の発足と新安保体制

ところが一九六一年一月にケネディー政権が成立すると、世界政策の基調がみなおされ、日本に期待される役割も大きく変えられた。ケネディーはこの転換を「国家の偉大さか、国家の衰退かの選択」と位置づけた。軍事戦略の面では、アイゼンハワー政権が進めていた軍事費の削減計画を中止し、「大戦略」の名のもとに、核兵器の使用を含む世界戦争・通常兵器による広域戦争・局地戦争・ゲリラ戦争のいずれに対しても、必ず勝利できる軍備と態勢をつくるという計画を進めた。またアメリカ経済が高い成長率で発展をとげ、この分野でもソ連などの競争相手を圧倒して世界のモデルとなることをめざした。これまで軍事援助の一環とされていた開発援助も、アメリカとの軍事同盟を拒むインド・インドネシアなどの非同盟諸国へも積極的にあたえられることになった。科学技術や文化の面でも、他国の追随を許さないような計画が進められ、その目玉に、一〇年以内に月に人を送り込むロケット技術を開発するという「アポロ計画」がすえられた。

これらはいずれも、アメリカが日本に求めるものの重点を変えたが、まず、アイゼンハワー政権ほどには性急に日本の防衛力増強を求めなくなったことがあげられる。ケネディー政権は、原子力潜水艦(原子力で運転され、核ミサイル「ポラリス」一六基を搭載)を四一隻配備し、モスクワを射程距離においた大陸間弾道弾「ミニットマン」を一二〇〇基(のちに一〇〇〇基に修正)建造・配置するなど、いわゆる「核抑止力」を自前で整備したため、この面で日本に分担を求める必要はなくなった。むしろ軍事面で日本側には、補給・整備能力、電波誘導能力、情報収拾能力、在日米軍基地も含めた日本領土の防衛能力などが求められたのであるが、これらは国民世論に対する刺激の少ない方法で実施できるものであった。

文化的交流とアメリカイメージの転換

ケネディー政権は、むしろ日本におけるアメリカイメージの転換こそ緊急な課題であると判断した。安保闘争で示された日本の学生・知識人の「反米」意識を克服することが、日米協力の心理的基盤を築く第一歩と考えたのである。このため、ケネディー政権は日本生まれの知日派知識人エドウィン＝ライシャワー▲を駐日大使に任命し、手腕を発揮させた。ライシャワーによれば、日本国民に根強い「反米」感情の源は、強力なアメリカが弱体な日本に軍事基地や再軍備などを押しつけ、アメリカの利益のために日本を犠牲にしているという印象であり、これが「アメリカ帝国主義」論となって知識人に根強く支持され、その表れとしてあの激しい安保闘争が起こったのであった。

このため、ライシャワーは、日本の池田首相にならって「低姿勢」をとり、軍事問題にウエイトをおく路線を改め、貿易・経済の分野での協力や、科学技術・文化の面での交流、留学生の受入れなど教育分野での協力を強く印象づける路線を推進した。彼は、新しい日米関係のキーワードを「パートナー」とし、一九六一(昭和三十六)年六月の池田訪米時にだされた「池田・ケネディー共同声明」(六一・六・二二)にこの言葉を導入させ、以後の日米関係をあらわす用語として定着させた。共同声明の日本語版では「大統領と総理大臣は日米両国の提

▼エドウィン＝ライシャワー
一九一〇〜九〇年。アメリカの日本研究者で駐日大使。東京生まれ。ハーバード大卒。第二次世界大戦前、ハーバード大で教えていたが、戦中は対日戦後政策の立案に尽力した。戦後、大学に復帰、夫人の死後松方正義《まつかたまさよし》の孫ハルと再婚した。一九六一年四月、駐日大使として来日、日本の近代化を賞賛する論述・講演を行い、革新的な学者・学生とも交際し、文化・経済面の日米交流を活発化して、反米風潮を打破した。

携が鞏固《きょうこ》な基礎の上に立っていることに満足の意を表明した」と訳された。

この声明に基づき、同年十一月には最初の「日米貿易経済合同委員会▲」が箱根《はこね》で開催され、日米経済摩擦の打開がはかられた。アメリカ側は、池田内閣の「所得倍増計画」を成功させて、自民党が安定政権を維持するよう援助することを当面の方針としており、その柱となる日本の重化学工業の発展を支援することを意図していた。ケネディー政権は、「ニュー・フロンティア政策▲」によりアメリカ経済を好況に転じさせていたので、日本から自動車をはじめとする重化学工業製品を輸入する余地をふやしていた。また、日本が経済成長でえた資金や外貨を、韓国をはじめ東南アジア諸国への投資に向けるよう望んでいた。最初の日米貿易経済合同委員会は、これらを実施するきっかけとなり、日本民衆には新安保条約の力点が日米経済協力にあるという印象をあたえた。この会議は、一九七三(昭和四十八)年までほぼ毎年開かれ、日米経済協力のパイプの役割を果たすことになる。

ケネディー政権はまた、日本民衆に、新安保条約が日本を核戦争に引き入れ、かつ日本により大きな軍事的分担を課すものであるという印象をあたえること

▼日米貿易経済合同委員会　一九六一年六月の池田・ケネディー会談で設置が合意され、安保条約第二条にそい日米の経済協力の促進、とくに貿易と援助政策における情報と意見の交換に基づき共同施策をとることを目的とした。第一回は十一月箱根で開かれ、アメリカからはラスク国務長官・ヘラー大統領経済諮問委員長が、日本からは小坂善太郎《こさかぜんたろう》外相・水田三喜《みずたみき》男《お》蔵相・佐藤栄作《さとうえいさく》通産相・藤山愛一郎経済企画庁長官らが出席した。

▼ニュー・フロンティア政策　ケネディーが選挙キャンペーンで一九六〇年七月以後使った言葉で、五〇年代に軍事優先で夢を失ったアメリカを救い「新たな使命感を!」と呼びかけたものである。反響は大きく、宇宙開発、貧困と人種的偏見の解決、第三世界の開発などに夢を託す者が少なくなか

った。ケネディーはアポロ計画、ゲリラへの「柔軟反応」戦略、黒人の公民権運動支援、後進国開発などを進めたが、成就の途上で暗殺された。

を避けようとつとめた。それは、「第二次世界大戦での敗北とりわけヒロシマ・ナガサキへの原爆攻撃の記憶が今なお強烈」であって、民衆のあいだに軍事同盟をきらい、非同盟・中立への志向が強いという理由によるものであった。そのため、米原子力潜水艦を本土の港(横須賀《よこすか》・佐世保《させぼ》)に寄港させることは一九六四(昭和三十九)年十一月まで延ばされ、そのかわり、ポラリス潜水艦は沖縄の那覇港に繰り返し寄港し、これを支援基地とするようになっていた。沖縄では一九六二(昭和三十七)年十月、地対空核ミサイル「メースB」の発射基地が四カ所に建設されたが、本土に関しては、国会で池田首相が「核弾頭をもった船は、日本に寄港してもらわないということを常に言っております」(参院予算委、六三・三・八)と発言し、米軍による核兵器の持込みを否定した。アメリカ政府は、日本政府がこのような方針をとれば、それはアメリカの核戦略を弱め、かつ米軍用機や艦艇の「エントリー」(飛来・寄港)は日米間の事前協議の対象とはしないという秘密合意に反すると判断した。そのため、ライシャワー大使に急いで大平正芳《おおひらまさよし》外相と会見するよう指示し、そこで大平に米国の立場を理解させるよう命じた。その立場とは、米国は「核兵器の所在について否定も肯定もしない」という方針であり、かつ核兵器を搭載した軍艦の「寄港」は秘密合意により黙認すべきであるとするものである。会見は一九六三(昭和三十八)年四月四日に行われ、大平はこの趣旨を了承した。

また、アメリカは原子力潜水艦の配備とほぼ同時に、それを誘導する必要から電波灯台ロラン(long-range navigation)C基地を世界各地に建設していた。すでにロランA送信所網は構築されていたが、ロランC局は、海面下にも浸透する性質をもつ一〇〇キロヘルツの長波を発信するのが特徴で、ロランA局よりも覆域が広く、利用者側に高精度の位置測定を可能にするなどの利点を備えており、アメリカは原潜の就役とほぼ同時に世界各地にこれを建設していた。日本に関係の深い北西太平洋方面では、主局が硫黄島《いおうとう》におかれ、従局が南鳥島《みなみとりしま》(マーカス島)、北海道十勝太《とかちぶと》、沖縄の慶佐次《げさし》、ヤップにおかれた。ロランC局自体は船舶や飛行機のための電波灯台であり、民間に公開されていたが、同時に原潜の海中航行に不可欠の設備であり、その発信局は戦略的要地を選んで建設されていた。

③―ベトナム戦争と沖縄返還協定

ベトナム戦争の拡大

一九六〇年代の日米関係を左右したのは、なによりもベトナムにアメリカが軍事介入を行い、ここに五〇万人以上の地上軍を派遣して大規模な戦争に拡大したことである。

アメリカは一九五四年七月に締結されたジュネーヴ停戦協定▲を無視し、南ベトナムにゴ＝ジンジェム▲政権（「ベトナム共和国」）を樹立し、この地が共産主義化されるのを阻止する政策を推し進めた。ゴ政権は地主の支配を復活させ、露骨な反共政策をとり、反対者を迫害し、厳しい独裁政治を行った。

これに対して、さまざまな抵抗運動が組織され、一九六〇年十二月、これらの組織を結集した南ベトナム解放民族戦線が結成された。これは、抗仏戦争の伝統を受け継ぎ、ゴ政権の激しい迫害に対して、ゲリラ闘争を含むあらゆる形の抵抗運動を行おうとする統一戦線組織であった。

この組織が、ケネディーの大統領就任直前につくられたこととあいまって、

▼**ジュネーヴ停戦協定**　一九五四年七月二十一日、中（北京《ペキン》）・英・仏・ソ・ベトナム国・ベトナム民主共和国・カンボジア・ラオス代表が調印したインドシナ停戦協定。米は調印せず。北緯一七度線を停戦ラインとし、仏軍は南に、ベトナム人民軍は南部出身者も含め北に結集、仏軍は撤退し、一九五六年に南北統一総選挙を行い統一政権を樹立すること、外部の軍事介入の禁止、が決定された。

▼**ゴ＝ジンジェム**　一九〇一〜六三年。ベトナム共和国の大統領。カトリックの家系に生まれ、フエの行政官養成学校卒。一九五四年五月、米の後援でバオ＝ダイ王朝の首相となり、五五年、王朝を廃し共和国大統領となった。ジュネーヴ協定の実施を拒否、抗仏戦争の闘士や仏教徒を弾圧・処刑するなど暴政をふるい、抵抗闘争を再燃させた。一九六三年十一月、政変で殺害された。

ケネディー政権は、南ベトナムを、アメリカが「ゲリラ戦争に勝利する能力」を示す実験場と位置づけた。当初、ケネディー政権は南ベトナムのゲリラ勢力「ベトコン」(＝越共《ベトコン》)を、比較的たやすく鎮圧できるものと考えていた。ここで実施された政策は、テーラー▲とロストウ▲が進言し、マラヤでゲリラ鎮圧の手腕を発揮したトンプソン▲の助言をえたもので、「ステーリー・テーラー計画」▲と名づけられ、南ベトナムの全住民を鉄条網に囲まれた「戦略村」に強制移住させ、彼らを厳しく監視してゲリラ勢力と接触することを禁じ、かつそこに上下水道・学校・病院・保健所など「近代社会」につきものの施設を設け、それによって住民が近代的な生活様式の好適さを体得し、伝統的社会を基礎に指導性を発揮していた共産主義指導者から進んで離反するよう仕向けるというものであった。ロストウ路線の具体化をはかったのである。

「戦略村」計画は一九六二年三月に始められ、統計によると、同年十一月には南ベトナム農民の三分の一にあたる四三二万余人がすでに「戦略村」に移住し、「近代社会」の生活になじんでいるとされ、マクナマラ▲国防長官はこの計画の「ゲリラ鎮圧効果」は抜群であると述べた。しかし移住を強制された農民の不満

▼テーラー　一九〇一〜八七年。マックスウェル＝D・テーラー。アメリカ軍人。陸軍士官学校卒。米極東軍司令官兼国連軍司令官ののち、柔軟反応戦略を主張してケネディー大統領の軍事顧問となり、内密に米軍を派遣すること、「戦略村」計画を推進すること、ゴ＝ジンジエムを政権から放逐すること、を提言した。

▼ロストウ　一九一六〜二〇〇三年。ウォルト＝W・ロストウ。イェール大卒。経済学者・政治家。一九五〇年代後半、発展途上国開発理論を創始し、『経済成長の諸段階』(一九六〇年)に概括した。ケネディー大統領に重用され、南ベトナムのゲリラ鎮圧政策に関与し、ジョンソン時代には特別補佐官としてベトナム戦争の拡大を進言し、のち失脚した。

▼トンプソン　一九一六年生まれ。サー＝ロバート＝G・K・トンプソン(英人)。英植民地《しょくみんち》での

は大きく、この「戦略村」の統治を推進しようという人材をえることは不可能に近かったし、住民はベトミン（＝越盟《ベトミン》、ベトナム独立同盟）時代の土地改革に強い憧れを感じていた。そのため抵抗はやまず、ベトナム共和国政府はこれに対抗するため、一九六三年五月以後「戦略村」に政府軍を駐屯させ、外部勢力を排除しようとしたが、政府軍が去るとただちにゲリラ勢力が軍事施設や監視塔などを破壊した。

米軍はこれとならんで特殊部隊（「グリーン・ベレー」）を投入した。これは一九五七（昭和三十二）年から沖縄で訓練・育成された部隊で、最初の派遣は六二年二月であった。任務の基本は各地の山岳住民（いわゆる「少数民族」）を訓練して反ベトコン活動を行わせることにあり、最大時には四万二〇〇〇人にのぼった。

しかしベトナム共和国の統治はアメリカの支援を受けてもなお安定せず、一九六三年十一月一日、ドン＝バンミン▲らが率いる軍事勢力によりクーデタが起こされ、翌二日にはゴ＝ジンジェム大統領とその弟で内相のゴ＝ジンニューらが暗殺された。このクーデタは在越米軍のバックアップによって行われたが、実はケネディー大統領の承認までえたもので、アメリカ政府が全面的に関与し

行政官としてマラヤ共産党の武装闘争を鎮圧して名をあげた。ゴ＝ジンジェムの顧問として「戦略村」計画を指導したが、抵抗勢力の反撃が強く、計画は失敗した。

▼ステーリー・テーラー計画 経済学者のユージン＝ステーリーと右記テーラーとの名でだされた南ベトナム平定計画で、一九六一年十一月十五日、国家安全保障会議で採択された。

▼マクナマラ 一九一六〜二〇〇九年。ロバート＝S・マクナマラ。政治家・実業家。ハーバード大修士。第二次世界大戦に従軍、戦後フォード自動車にはいり一九六〇年社長となる。ケネディー政権の国防長官となり、柔軟反応戦略をとり、予算の費用対効果を引き上げる組織革命を進めた。キューバ・ミサイル危機にはたくみに対処したが、ジョンソン時代にベトナムへの大量派兵を強行し、世論の反発を買って辞任した。

た事件であった。そのためアメリカはサイゴン新政府を公然と支援するほかない立場に引き込まれた。この事件から三週間余の十一月二十二日、ケネディー自身がテキサス州ダラスで凶弾に倒れたことは、まことに皮肉なことというほかない。

　ケネディーの死後、副大統領から昇格したジョンソン▲大統領は、「偉大な社会」をスローガンに掲げ、アメリカ国内の貧困と差別を克服する計画を推し進めた。ジョンソン政権は、ベトナムよりもアメリカ国内の問題を重視し、まず黒人に対する差別問題や貧困層の救済などを解決し、世界に誇る「偉大な」アメリカを実現したいと考えたのである。これは「貧困との戦争」と宣言された。

　しかし、サイゴン政府軍はゲリラ平定の実をあげることができず、同時に解放勢力は着実に力を増してきていた。そのなかで一九六四年八月二日、トンキン湾を夜間哨戒のため航行していたマドックス号などの米艦艇が北ベトナム艦艇から砲撃を受けるという事件が起こった。米艦も応戦し、猛烈な砲撃が交わされたとされるが、米側の被害はほとんどなかった。しかし、ジョンソン政権と米議会はこの事件を重視し、これを理由にベトナムに公然と介入するように

▼ドン＝バンミン　一九一六〜二〇〇一年。ベトナムの軍人・政治家。仏・米で軍事教育を受け、仏植民地軍、のちベトナム共和国陸軍に参加した。一九六三年十一月のクーデタでゴ＝ジンジェムを打倒し、革命軍事評議会議長となったが、南ベトナム解放民族戦線とも接触するなど中立的立場を保ち、翌年タイに亡命、六八年帰国した。一九七五年四月、解放戦争に直面したグェン＝ヴァンティュウの亡命後、ベトナム共和国大統領に就任したが、四日後の四月三十日解放軍に降伏。

▼ジョンソン　一九〇八〜七三年。リンドン＝B・ジョンソン。アメリカの政治家。ジョージタウン大修士。下院・上院各議員、民主党幹事長をへて六一年一月、副大統領に指名され、大統領特使として近東・南欧・北欧を歴訪した。ケネディーの死後大統領となり「偉大な社会」を公約したが、六四

なった。米議会は「軍事力の行使を含む、必要なあらゆる措置をとる」権限を大統領にあたえるという「トンキン湾決議」を採択した。この決議は、ジョンソン政権にベトナム政策についての白紙委任状をあたえる結果となった。むしろジョンソン政権は、ケネディー政権のような「隠密」のベトナム政策ではなく、「果敢」な政策をとることを求められたのであり、ジョンソン政権の力量が問われたのである。最初に実施されたのは北ベトナムの哨戒艇基地と石油貯蔵施設への爆撃であり、これらはその後の「北爆《ほくばく》」の端緒となった。また翌一九六五年三月には米海兵隊を南ベトナムのダナンに上陸させ、直接の軍事介入に踏みだした。これが短期間で決着したとすれば、ジョンソン政権は、公約どおり政策の軸足を国内問題におくことができたかも知れない。しかしまもなく、アメリカ政府は朝鮮戦争▲をはるかに超える軍隊の派遣を余儀なくされ、軍事費の肥大化のために国内問題に力をそそぐ余裕を失い、国民の激しい離反を招くようになる。

年、トンキン湾事件が起こるとベトナム戦争に介入、北爆とともに、南ベトナムに米軍五十数万人を派遣した。六八年のテト攻勢の打撃で増派を中止、大統領選再出馬も諦めた。

▼**朝鮮戦争**　一九五〇～五三年。朝鮮人民軍(北朝鮮軍)が朝鮮民族の統一を名目に韓国に軍事侵攻し、占領をはかった戦争。アメリカが中心になり国連軍を組織したため、この戦争に派遣された米地上軍は最大時三五万二〇〇〇余人にのぼり、戦争での死者は計五万四二四六人であった。これに対してベトナム戦争は海兵隊派遣後停戦まで八年続き、派遣された米地上軍は最大時約五四万人で、戦争での死者は計五万七〇〇二人とされる。

日韓条約の締結

しかし一九六四年八月の「トンキン湾事件」が起こると、ジョンソン政権は日韓国交正常化の促進にさまざまな圧力をかけるようになった。日韓両国をベトナム戦争に協力させるためにも、また朝鮮戦争との関連で両国に設置された米軍基地を相互に連携させて効果的に機能させるためにも、両国の国交正常化が不可欠であると判断したからである。十一月九日、佐藤栄作《さとうえいさく》内閣が成立すると、十二月三日には日韓会談が再開され（第七次）、翌一九六五（昭和四十）年四月までには「日韓基本条約」「請求権及び経済協力協定」「漁業協定」「在日韓国人の法的地位に関する協定」などの内容についての合意がなされ、それをもとに条文作成作業が進められて、六月二十二日、東京で日韓基本条約と関連協定および関係文書の調印が行われた。

日韓条約の締結は、日米関係があらたな段階にはいったことを象徴するものとなった。まず、日本は経済高度成長の結果、手にはいった外貨準備を国際政治の利器として活用し、アメリカの外交政策を補完することができることを実証した。すなわち日本の外貨は朴正熙《パクチョンヒ》▲政権の経済開発計画に投入され、韓国

▼**朴正熙**　一九一七〜七九年。韓国の軍人・政治家。日本陸軍士官学校卒。一九六〇年、第二軍団副司令官、六一年五月十六日、軍事クーデタを起こし国家再建最高会議副議長となり、のち議長。一九六三年大統領に当選し、二次にわたる「総合経済再建五カ年計画」を実施、六五年日韓条約を締結し、ベトナムに約五万人の韓国軍を派兵した。一九七二年、「維新憲法」の公布と同時に第八代大統領に再選されたが、七九年、中央情報部長金崔圭《キムチェギュ》に射殺された。

における急速な経済開発と軍備拡張・対北朝鮮対決政策を具体化させ、李承晩《イスンマン》時代に住民のあいだに深く広がっていた政権に対する反感や憎悪を薄め、かつ韓国が共産主義の北朝鮮よりも優位に立っているという確信を住民に根づかせるのをうながしたのである。これは、実際上アメリカの韓国援助政策を日本が肩代わりしたことを意味するものであり、日本自身は軍備増強の面で無理な加速を行わないままに、北朝鮮に対する軍事対決政策の基盤を強化した。その代償に佐藤内閣は、急速に増加する重化学工業製品をアメリカに輸出する便宜をあたえられた。

朴政権は日本と国交を開くことにより、開発行政を軌道に乗せることに成功し、さらに米軍を助けてベトナムに派兵するようにさえなった。

アメリカはこのようにして、これまで二元的に扱うほかなかった日米同盟と韓米同盟を一つに結びつけ、日韓双方における経済成長を持続させ、各政権の安定を維持させるとともに、日韓米同盟に道を開いたのであり、これを通じて日本・韓国それぞれに設けられた米軍基地をより有機的に運用するようになる。

●──首相として戦後はじめて沖縄を訪問した佐藤栄作首相（一九六五年八月）　パスポートを携行していた。

沖縄返還交渉の開始

一九六五（昭和四十）年八月、佐藤首相は日本の首相としてはじめて沖縄を訪問したが、これ以前から沖縄米軍基地では対ゲリラ戦訓練が強化され、米兵による強盗傷害・婦女暴行・放火・拳銃発砲などが激増し、同年六月十一日には演習中の米軍輸送機から投下されたトレーラーが自宅近くにいた小学五年生棚原隆子の上に落ち、彼女を圧死させた。また七月二十八日にはＢ52爆撃機三〇機が嘉手納《かでな》基地に飛来し、出撃・帰還した。米軍はこれがベトナムへの作戦行動であったことを公表しなかったが、沖縄県民は、サイゴンからの報道によってこのＢ52爆撃機がサイゴン付近の解放区に空爆を加えたことを知っていた。これらの事実から、多くの県民はこのような問題を起こす米軍基地の撤去とセットになった祖国復帰を望み、ベトナム戦争に協力の態度を示す佐藤首相に強い批判の姿勢を示していた。そのため佐藤首相が到着した八月十九日夜には祖国復帰要求県民総決起大会に一〇万人（県民の約一〇％）が参加し、首相の宿舎に予定されていた東急ホテル前には二万人が座込みを行った。佐藤首相は、そのため米軍基地内の迎賓館で宿泊することを余儀なくされた。

沖縄県民が米軍による占領統治に対して強い不満をいだき、祖国復帰を認めない状態が続けば「プライス勧告」に対してなされた「島ぐるみ闘争▲」と同様な運動が繰り返されるであろうことは、すでに六〇年安保闘争の前から在日米国大使館が警告の報告書を繰り返し国務省に送っていた。一例をあげれば、一九五八(昭和三十三)年二月三日付でマッカーサー駐日大使が国務長官宛に送った電報では「沖縄での事態がフランス統治下のインドシナ・モロッコ・チュニジア・アルジェリアで起こったこととあまりに似通ってきたことに、深い憂慮を覚える」とされた。ケネディー政権下で駐日大使となったライシャワーは、退任後の回想談話のなかで、着任当時の沖縄の状況について、その統治は「圧制的な軍事独裁」であり、「アメリカの進路に横たわる暗礁」のようなもので、このまま放置すればアメリカが暗礁に「乗り上げる」のは不可避であり、本土の日本人の間に沖縄返還を求める大運動が起こる前に問題を解決しなければ、アメリカは沖縄基地を失うであろうと痛感したと指摘している。ライシャワーはその後米政府要員に積極的に働きかけ、日本との永続的な同盟関係を維持するのであれば施政権の返還は避けられないと考えるグループを作り上げた。この結

▼「島ぐるみ闘争」　一九五六年六月「プライス勧告」公表から十一月まで沖縄全県で展開された土地闘争。M・プライスら米下院軍事委員会の報告書「プライス勧告」が沖縄軍用地に対する地代の一括払い、および土地の新規大接収を要求した。これに対し六月十四日、立法院・行政府・市町村町会・軍用土地連合会の四者が「プライス勧告反対、領土権死守」を決議し、市町村に「土地を守る協議会」が生まれ、住民あげての闘争となった。

果一九六六（昭和四十一）年六月、国務省のリチャード=スナイダー▲日本部長を議長としハルペリン国務次官補らを中心とする「琉球《りゅうきゅう》諸島研究グループ」が結成され、沖縄返還はもはや時間の問題という視点から、日本との永続的な同盟関係を築きながら、ベトナム戦争の遂行を含め米軍を東アジア・西太平洋地域に効果的に展開するカナメ石としての沖縄基地を維持する方法を中心に、本格的な検討が開始された。同年十一月駐日大使に着任したアレクシス=ジョンソン▲も当面の日米関係において「沖縄が唯一最大の問題」と確信するようになり、この動きにはずみをつけた。

　この動きは明らかに日本の近隣諸国の動向と関連したものであった。一九六六年九月には、マニラ港やオロンガポ港の施政権を二五年以内に米軍からフィリピン政府に返還するという協定が発効した。かつフィリピンでもベトナム戦争に反対しマルコス▲政権がベトナムに派兵したことを糾弾するデモが起こり、政府内部でも外務長官が「米軍基地は、米比関係とフィリピン社会の安定に対する致命的な攪乱要因」と非難する声をあげた。ベトナム戦争が拡大されると、フィリピンのスービック湾は米第七艦隊の主要攻撃基地となり、クラーク空軍

▼リチャード=スナイダー　一九二二〜八六年。ジョンソン政権期のアメリカ国務省日本部長。一九六六年六月、国務省・国防省などの担当官で「琉球諸島研究グループ」を組織し、議長となった。

▼アレクシス=ジョンソン　一九〇八〜九七年。ジョンソン政権期の米駐日大使。エドウィン=ライシャワーの後継者で、日本語・日本事情に精通していた。

▼マルコス　一九一七〜八九年。フェルディナンド=E・マルコス。フィリピンの弁護士・政治家。フィリピン大卒。戦時中抗日ゲリラに参加、日本軍に捕えられ、「バターン死の行進」を強制された。一九六五年大統領に当選、学生デモやゲリラに対抗して七二年戒厳令を布《し》き、独裁と弾圧政治で知られ、またイメルダ夫人とともに蓄財を行った。一九八三年、民衆蜂起により亡命した。

基地は第一三空軍のベトナム爆撃の補給基地となったほか、フィリピンはベトナムから至近距離にあることから、補給基地・医療基地・慰安基地などの機能を果たすことを余儀なくされたが、必ずしもマルコス政権はベトナムへの攻撃に積極的であったわけではなく、アメリカはこれに協力させるために外交的圧力をかけ、三九〇〇万ドルの援助を行うという大きな代償を支払わされた。アメリカは沖縄・日本本土・韓国にこの風潮が伝播することを恐れた。

沖縄では祖国復帰協議会が一九六〇（昭和三十五）年四月二十八日に結成され、六五年八月の佐藤首相の訪沖時に一〇万人集会を開くほどの発展をとげたわけであるが、これとならんで南方同胞援護会の会長として佐藤首相や日本政府首脳にも大きな影響力をもっていた大浜信泉《おおはまのぶもと》▲が「政治的な独立と自由への憧れは、民族の本能的な欲求である」という論理に立ち、訪米して有力者一〇〇人以上に面談して沖縄返還を要請し、また佐藤内閣に返還の具体案の提示を求めるようになった。こうして沖縄返還を求める世論は不動のものとなり、放置すればここが第二のフィリピン▲となることは誰の眼にも明らかになった。

一九六七（昭和四十二）年七月十五日、沖縄返還をめぐる日米政府間の本格的

▼**大浜信泉**　一八九一〜一九七六年。沖縄県石垣《いしがき》市生まれ。早稲田大学総長をへて、沖縄出身の本土在住著名人でつくられた沖縄問題の解決、県民福祉を目的とする南方同胞援護会の会長となり、一九七二年の返還に努力した。

▼**第二のフィリピン**　当時フィリピンでは、マルコス政権に対する民衆の不満が極度に高まり、学生デモやゲリラ闘争が続いていた。これは、沖縄の未来図にみえた。

な折衝が東京で秘密裏に開始されたが、それはこの動きに押されたからである。まず三木武夫《みきたけお》外相とジョンソン米国駐日大使▲とのあいだで、硫黄島《いおうとう》を含む小笠原《おがさわら》諸島の返還について合意された。それは同年十一月の佐藤・ジョンソン共同声明に明記され、事務折衝をへて翌一九六八（昭和四十三）年四月、小笠原返還協定が調印された。これにより日本政府は沖縄返還についても米側が一定の譲歩をする用意のあることを読みとった。

佐藤首相はこの分野でイニシアティヴをとることを言明し、二つの方策をとった。一つは一九六七年八月十六日、これまで総務長官の私的諮問機関とされてきた沖縄問題懇談会を総理大臣の諮問機関に格上げし、その名も沖縄問題等懇談会▲と改め、第一回会合を開いた。この委員には各界のオピニオンリーダーに委嘱し、座長に大浜信泉をすえ沖縄の施政権返還を優先する首相の意思を誇示した。これは米軍基地を残し施政権のみを返還させるという方針であった。

今一つ、ジョンソン政権の大統領補佐官（安全保障問題担当）として事実上大統領の外交政策を左右していたウォルト＝W・ロストウ▲と個人的なコネクションをもつ若泉敬《わかいずみたかし》▲を、佐藤の隠密裏の補佐官に任命し、外交ルートとは別に、

▼**ジョンソン米国駐日大使**　三六ページのアレクシス＝ジョンソンのこと。

▼**沖縄問題等懇談会**　総理大臣の諮問機関で、総務長官の私的諮問機関沖縄問題懇談会を引き継ぐ。座長は大浜信泉、委員は森戸辰男《もりとたつお》・茅誠司《かやせいじ》・横田喜三郎《よこたきさぶろう》など一五人。

▼**ウォルト＝W・ロストウ**　二八ページ注参照。

▼**若泉敬**　一九三〇〜九六年。東大卒。国際政治学者。京都産業大学教授時代に佐藤栄作首相の依頼を受け、首相の秘密裏の特使として、沖縄返還に向け水面下の交渉にあたった。「けい」とも名乗った。

大統領の指揮権を利用して返還を実現しようとする布石が打たれた。一九九四(平成六)年に出版された若泉の回顧録『他策ナカリシヲ信ゼムト欲ス』によれば、ロストウはむしろこの秘密外交方式を歓迎し、アメリカの国益にそった交渉のルートとなることを期待した。若泉とロストウとの最初の会談は十月二十七日に行われたが、そこでロストウは佐藤内閣に緊急に求めたいことを述べ、十一月十二日の首脳会談でだされるはずの共同声明にいれるよう要請した。

その要旨は、米側は沖縄の施政権返還に応じるかわりに、つぎの三点を日本に呑んでほしいというものであった。第一は、ベトナム戦争を進めるアメリカの立場に強い支持を表明することである。これは、アジア諸国首脳が米軍に対し明確な支持を表明せず、アメリカの威信を損なっているので、日本の強い支持により埋合せをしてほしいという意味である。第二は、南ベトナムへの経済援助をふやして開発を促進し、あわせて東南アジア開発銀行の出資をアメリカと同額の二億ドルに増額し、東南アジア諸国の開発を加速してほしいというものである。第三は、日本およびアジアの安全保障に対して日本側が相応の努力を行う決意を表明してほしいというものである。これは、さしあたり沖縄基地の米軍が外部からの攻撃を受けないよう相当規模の自衛隊を配置することや、沖縄でのベトナム反戦運動・基地反対運動を沈静化させるだけの行政・開発予算を投入するということである。つまりこれは、ライシャワーが「暗礁」と名づけた諸問題をことごとく日本に肩代わりさせ、アメリカに沖縄基地をより効率的に使用できるようにさせるための提案といいかえることができよう。

十一月一日、沖縄問題等懇談会が中間報告を発表し、二週間後に迫った日米首脳会談で米側から沖縄返還の期日を「両三年以内」と確約させることを強く要請した。これを受けて佐藤は八日、若泉に首相公式特使としての権限をあたえ、首脳会談の共同宣言に「両三年以内」〈施政権の一九七二〈昭和四十七〉年までの返還〉の文言を盛り込むことにつき米側の了解を取りつけるよう指示した。

この結果、十一月十五日に発表された佐藤・ジョンソン共同声明では、佐藤が「ここ両三年内に双方の満足しうる返還の時期につき合意すべきである」と強調し、ジョンソンが「日本国民の要望は十分理解しているところである」と答え、それを受けて両者は「沖縄の地位について共同かつ継続的な検討を行うことに合意した」という文言が明記された。

合意から協定へ

この共同声明により、沖縄施政権の返還に向けての交渉が公式に行われることになった。その後の事態は、この交渉を加速する方向へと動いた。首脳会談からわずか二カ月後、ベトナムでは南部の解放軍と北ベトナム軍によるテト攻勢が実行され、米軍と南ベトナム政府軍は南ベトナムの全土で攻撃を受けた。ジョンソン政権は、米国内の「貧困との戦争」はもとより南ベトナムでの戦争にも失敗したことが明らかになった。この時点でアメリカのベトナム戦費は年間二五〇億ドル(当時の邦貨で九兆円)にのぼり、それが国内での貧困を助長して激しい黒人暴動を引き起こしていた。沖縄の米軍基地が重要性を増す一方で、占領行政にともなう多額の民政費を切り詰め、日本政府に肩代わりさせることは、もはや避けられない問題となっていた。米軍基地の使用権限がある程度制約されるとしても、沖縄の施政権を日本に返還することは、アメリカ側からも緊要なことになっていたのである。

佐藤内閣の側では、基地に核兵器が配備されていることが明らかな沖縄が核《かく》つきのまま返還され、日本が核保有国となることは避けなければならなかった。

▼**成田知巳**　一九一二～七九年。香川県生まれ。東大卒。一九四七年より社会党衆議院議員になり、六八年委員長になる。安保国会では憲法第九条擁護の立場から、鋭い論陣を張った。

首脳会談と並行して行われたマクナマラ国防長官との会談で、佐藤は「日本は核を持たず、米国の核の傘のもとで安全を確保する決意」を述べた。日米首脳会談から約一カ月後の十二月十一日、衆議院予算委員会で、小笠原返還にともなって米軍の核兵器が持ち込まれることを危惧する社会党成田知巳《なりたともみ》▲の質問に答え、佐藤は「核を製造せず、持たない、持込みを許さない」という「非核三原則」を言明した。実はこの言明には、前提として「日米安保条約を堅持し」という一句がそえられ、将来の沖縄を含む在日米軍の核抑止力を減殺する意図のないことが示唆されていたのであるが、この部分は注目されず、以後、佐藤の非核立国の姿勢が国内はいうまでもなく、国際的にも高く評価されるようになった。

テト攻勢を受けたジョンソンはベトナム戦争での方向転換を迫られ、一九六八年三月三十一日、全米に向けて演説を行った。その要旨はベトナム戦争の戦闘規模を縮小すること、その第一歩として北爆を一方的に停止し、北ベトナムに和平交渉を呼びかけること、さらに同年秋の大統領選挙には立候補しないことであった。これは、ベトナムからの米軍撤退の最初の布石であるとともに、ベトナム戦争拡大政策の失敗を自認するものであった。これに先立ち、一九六七年十一月、戦争拡大の先頭に立っていたマクナマラ国防長官に解任が通告された。

この転換は、日米両国であいついで起こった事件によって一層加速された。同年四月には、黒人の市民権運動のもっとも有力な指導者であり、かつアメリカのベトナム反戦運動を国民的良心の観点から基礎づけてもっとも広い支持を受け、運動の先頭に立っていたマーチン＝ルーサー＝キング牧師が暗殺され、これを契機に各大学での反戦運動は過激化し、それを鎮圧するために大学構内に戦車が出動するという事態さえ起こった。六月には板付《いたづけ》基地に着陸しようとした戦闘爆撃機Ｆ４Ｃファントムが九州大学校舎に墜落し、また王子《おうじ》キャンプで米陸軍病院が再開され、これらが日本における米軍基地への嫌悪感を一挙に高めた。

このような動きのなかで五月十三日、スタンフォード大学で開かれた「沖縄の地位に関するセミナー」で大浜信泉が基調講演を行い、ここで「沖縄返還の時期決定は六九年中」「その実施は七二年」「返還後の米軍基地は本土並み」という

▼マーチン＝ルーサー＝キング　一九二九〜六八年。非暴力主義に立ち黒人の公民権運動を指導、また良心の問題としてベトナム戦争を批判、大きな支持をえた。一九六八年、ノーベル平和賞受賞。一九六八年、メンフィスで暗殺された。

三原則を打ち出した。これは、両国の政治的潮流を誘導する有力な目標となった。同年十一月五日には「ベトナム戦争の解決」をスローガンにした共和党のニクソン▲が次期大統領に当選し、十日には「沖縄の即時無条件返還」を掲げる屋良《やら》朝苗《ちょうびょう》▲が琉球政府主席に当選し、八日に自民党総裁選に立った佐藤栄作は公約に「核抜き・本土並み返還」を掲げ、二十七日、総裁に当選した。

一九六九年一月に発足したニクソン政権では、キッシンジャー▲大統領補佐官(安全保障問題担当)の指示で国家安全保障会議事務局員にハルペリンを再任用し、前政権の沖縄返還交渉を引き継ぐ態勢をとった。「日本における返還要求の圧力はもはや押しとどめられない状態にある」と判断したためであった。

第二次内閣を組織した佐藤は、当初「核抜き・本土並み」路線をアメリカが呑むかどうかに自信がもてず、「核つき・自由使用」の譲歩案を側近に示したが、彼の私的外交顧問をしていた賀屋《かや》興宣《おきのり》▲は、譲歩すれば「今後日本国内でたいへんな政治問題になる」として強硬に反対し、「核抜き・本土並み」路線を堅持するよう求めた。佐藤はこれに力をえて譲歩案を撤回し、一九六九(昭和四十四)年一月十四日、譲歩の必要を説く下田《しもだ》武三《たけぞう》駐米大使に「あくまで核抜きでいこ

▼ニクソン　一九一三〜九四年。リチャード＝M・ニクソン。下院非米活動委員会で活躍し、アイゼンハワー政権の副大統領になる。一九六八年大統領選で当選、翌年第三十七代大統領になった。ウォターゲート事件の責任を問われ、一九七四年、米国史上はじめて大統領辞任を余儀なくされた。

▼屋良朝苗　一九〇二〜九七年。沖縄県生まれ。一九五二年教職員会会長、六〇年沖縄県祖国復帰協議会会長となり、大活躍した。一九六八年最初の公選制琉球主席に革新派として当選、復帰後は県知事に選出された。

▼キッシンジャー　一九二四年〜。ヘンリー＝H・キッシンジャー。ドイツ生まれ。ハーバード大卒で教授。一九六九年ニクソンの安全保障問題担当補佐官となり沖縄返還協定、中国との関係回復、ベトナム和平などの成果をあげた。一九七三〜七七年、国務長官。

▼加屋興宣　一八八九〜一九七七年。広島県生まれ。東大卒。東条英機《とうじょうひでき》内閣で蔵相となり、戦後A級戦犯として入獄。一九五七年自民党にはいり、池田勇人《いけだはやと》内閣の法相、佐藤首相の私的顧問となり、七二年には政界を引退した。

う」と指示した。この見地は三月十日の参議院予算委員会における答弁のなかで佐藤首相によって表明され、翌十一日、保利茂《ほりしげる》官房長官は、記者会見の席で、佐藤答弁の真意を「非核三原則は、沖縄返還後も堅持する。事前協議の建前は（戦争に巻き込まれないための）歯止めである」と明確に述べた。これらは、ベトナム反戦運動とともに、沖縄と本土で拡大しつつあった「核も基地もない沖縄返還」の運動が生み出した情勢の一部であり、とくに日米安保条約の期限満了が翌一九七〇（昭和四十五）年に迫るなかで、「六〇年安保闘争」が再燃することをどうしても避けたいとする思惑が日本政府を強く動かしたことを示すものである。

ニクソン新政権においても、佐藤首相の見解が沖縄における米軍基地への抗議行動と一体をなしており、これを受け入れなければ沖縄基地を失いかねないという危機感が強まっていた。キッシンジャー補佐官は、回顧録のなかで「彼（佐藤）の決意を裏づけるように、沖縄の人々がアメリカ空軍基地の前で大規模なデモを展開し、インドシナ作戦に使用されるB52の駐留に抗議した」と述べている。アメリカ側の基本路線は四月三十日の国家安全保障会議で審議され、それをニクソンはこう取りまとめた。すなわち、沖縄基地を韓国・台湾・ベトナムの防衛に使用することについて日本の了解がえられるなら、アメリカは沖縄施政権を日本に返還するとともに、核問題に関する日本国民の感情を考慮して、沖縄に核兵器を貯蔵する権利に固執しない、と。この立場は五月末に米国各省庁に通達された。この路線がまとまるまでの事情は複雑で、統合参謀本部は沖縄基地を核兵器の貯蔵のために引き続き使用する権利を主張したが、これに対しては元駐日大使のアレクシス＝ジョンソンが、沖縄の施政権返還がかたづくならば、日本は喜んでアジアに対する責任分担を大幅に向上させるであろうと強調し、逆に「核抜き」の原則に応じなければ、日本がそうなるまでにどれほどの時間がかかるかわからないことを説明し、統合参謀本部に原則への理解を求めた。

佐藤・ニクソン共同声明

佐藤は十一月十七日訪米して日米首脳会談に臨み、二十日まで滞在した。これは首脳会談としては異例の長期滞在であるが、そのことは、この会談が同年半ばまでに決定されていたことの確認ではすまなかったことをよく物語っている。これにさきだって若泉敬とキッシンジャーとのあいだで極秘の交渉が行われたが、そこでは二つの問題がアメリカ側からもちだされた。一つは「緊急時の沖縄基地の自由使用」の問題である。その意味は、米軍は沖縄の米軍基地における「核抜き」を原則として認めるが、緊急事態が生じた場合、米軍が臨時に核兵器を持ち込むことを日本側に承認してもらいたいということである。キッシンジャーは、これを首脳間の極秘の了解事項(密約)とすることを求めた。この密約なしには、統合参謀本部や国防長官の合意を取りつけることができないというのが、彼の説明であった。

今一つは、日本からアメリカへの「繊維製品輸出に対する自主規制」の問題である。ニクソンは前年の大統領選挙で苦戦を強いられ、それを切りぬけるために「南部戦略」を実行した。それは南部諸州の支持をえるために、日本からの各種の繊維製品輸入を厳しく制限して南部の繊維産業の斜陽化を防ぎ、それらを保護すると公約したものであった。繊維製品の対米輸出の制限に対しては、日本の繊維業界や経済団体連合会が挙って猛烈な反対運動を繰り広げており、のちに「日米繊維戦争▲」と呼ばれるほどの問題に発展するのであるが、ニクソン政権は沖縄返還と引換えに、繊維製品輸出の自主規制案を日本側に呑ませようとしたのである。この時期の日本繊維産業は、なお国内総生産のなかで重要な位置を占め、経済高度成長を支える基幹産業部門の一つであって、さらに一九六〇年代後半にはベトナム特需《とくじゅ》▲とあいまって、おもにアメリカに向けての輸出産業の花形となっていたのである。

キッシンジャーの突然の要求は、首脳会談直前というタイミングを狙った露骨で強引な取引であったが、ベトナム戦争・沖縄問題・繊維「南部戦略」などの大問題に押しひしがれたニクソン政権の苦肉の策でもあった。佐藤は、両方の要求に「基本的に同意してニクソンを助けてやってください」と迫る若泉に対し、「よし、なんとかしてニクソンを助けよう」と応じ、これらを了承した。

首脳会談は十一月十九日に始まり、第一日にはおもに小笠原および沖縄返還問題が論じられた。ニクソンは沖縄返還の期日については明言を避けたが、「核抜き・本土並み」返還の路線にほぼ合意した。しかし公式会談の終了後、佐藤・ニクソン両人が小さな別室にはいり、ここでニクソンは封筒にいれられた

▼日米繊維戦争　五八ページ注参照。

▼ベトナム特需　米軍がベトナム戦争のために日本で調達した物資や役務などで、テント・蚊帳《かや》から兵器・枯葉剤の原料、死体処理までが含まれた。その収益金額は、通産省の統計では一九六四年三・一億ドル、六五年三・五億ドル、六六年四・九億ドル、六七年五・二億ドル、六八年六・三億ドル、六九年六・五億ドルと急増した。正体不明の「裏特需」も多く、各年度政府統計の同額程度はあったと推定される。

書類にサインし、佐藤に手渡した。佐藤もニクソンをまねてサインした。これが「緊急時の核兵器持込み」の密約であることはまちがいなく、しかも事前には両者が頭文字を記入する仮約束とされていたものが、正式なサインがなされた拘束力をもつ文書にかえられたのである。今にいたってもこの書類は公表されていない。

二日目には繊維問題がおもな議題とされた。佐藤はニクソン側の要求を基本的に受け入れたが、これを共同声明には盛り込まず、佐藤が会談終了後の公開講演で「貿易と資本の自由化を一層推し進める決意」を述べることになった。

十一月二十一日、日米共同声明が発表された。声明にはベトナム戦争におけるアメリカの努力(戦争)を佐藤首相が支持することが明記され、この努力に支障をきたさない形で沖縄の施政権が日本に返還されること、そのための日米間の協議は、一九七二(昭和四十七)年までに沖縄の日本への復帰を達成するためになされ、復帰後は日米安保条約に従い、沖縄の局地防衛の責務は日本に移されることなどが合意された旨が盛り込まれた。米軍基地が「極東の平和と安定」のために継続して使用される旨は明記されたが、「核抜き」は明文化されな

▼**ソンミ村虐殺事件**　一九六八年三月十六日、米軍の一歩兵中隊がソンミ村ミライ地区で行った住民無差別虐殺事件。女性・子どもへの強姦・残虐行為ののち、三〇〇〜四〇〇人が皆殺しにされた。米陸軍史上最悪の残虐事件とされ、指揮官に終身刑がくだされたが、七四年、ニクソン大統領により、特赦で放免された。

かった。

経済問題では、貿易と国際収支の問題でアメリカ側は自国のインフレを抑制するよう努力し、日本側は大幅な不均衡(日本の膨大な貿易黒字)を是正するよう努力し、かつ貿易と資本の自由化を促進することが明記された。

この共同声明は、ニクソン政権がまさに窮地に立たされていた最中に発表された。ニクソンが十一月三日に行った「大多数の声なき声」演説(「大多数の声なき声は、正義と永続的な平和のための戦争を支持している」)に対抗し、「第二のモラトリアム・デー」が十五日に実施され、「声なき声は平和を求める」というプラカードを掲げた二五万人のデモ隊がワシントンを埋めた。その翌十六日、米軍による「ソンミ村虐殺事件」▲(一九六八年三月)が世界中の新聞やテレビで一斉に報道され、ベトナム戦争における米軍が、規律をなくした暴徒と化しているというイメージが広がったのである。ニクソン政権の救いとなったのは、十八日、アポロ一二号が打ち上げられ、十九日午前六時四十五分、コンラッド船長が月面に降り立ったことである。佐藤首相のワシントン到着はソンミ村事件報道の翌日であり、ニクソン主催の公式歓迎式典は十九日朝、コンラッドの月面着陸からほぼ三時間後にホワイトハウス南庭で行われた。その席で佐藤はこの成功を「アメリカ国民の想像力と勇気の勝利」と賛辞を贈った。キッシンジャーは回顧録のなかで、これがニクソンらに好印象をあたえ、以後の会談を活気づかせたと述べている。要するに今回の首脳会談と共同声明は、四面楚歌の状況にあったニクソン政権を日本政府が強く支持し、ベトナム戦争の転換(「ベトナム化」)に必要な支援を惜しまないことや、「南部戦略」まで受け入れることを明らかにし、「なんとかニクソンを助」ける転機にかえられたのである。この会談の記念にニクソンは佐藤にコンラッドらが持ち帰った「月の石」を贈ったが、それは単なる儀礼を超え、日米関係の新時代を象徴するものとなった。

沖縄返還協定

このあと、沖縄返還協定の成立までの経過は簡単に述べるしかない。この前提として日米安保条約の自動延長が決められた。協定にいたるまでの包括的な交渉は愛知揆一《あいちきいち》外相とロジャース国務長官との会談(一九七一〈昭和四十六〉年六月)で決められ、基地と沖縄防衛問題についてはカーチス海軍中将と久保卓也《くぼたくや》防衛局長とのあいだで、米資産の買取りについては柏《かしわ》木《ぎ》雄介《ゆうすけ》財務官とジューリック財務長官とのあいだで行われた。日本本土にはなく沖縄には配備されていたメースB（核弾頭ミサイル）の撤去、特殊部隊の一部廃止（その他は存続を認める）、VOA（「アメリカの声」放送施設で特別に高出力）の協定後五年間存続などが決められ、沖縄の局地的防衛については自衛隊が引き受けることになり、陸・海・空自衛隊三二〇〇人が返還後六カ月以内（一九七三〈昭和四十八〉年七月）に派遣された。

既存の基地施設の撤去に要する費用は日本が負担し、かつ沖縄の米資産は日本側が買いとり、五年間で三億二五〇〇万ドルをアメリカに支払うこととなり、日本側の対米請求権は原則として放棄された。これにより沖縄全土に占める米軍基地の面積は返還前の一四・八％から一二・三％に減ったが、すべてもとの土地所有者に返還されたわけではなく、自衛隊駐屯地とされたものも含まれた。

ここで、沖縄返還交渉と同時に進行した事件をいくつか指摘しておきたい。第一は、韓国海兵隊を中心とする韓国軍約五万人が南ベトナムに派遣され、カムラン湾を中心とする戦略的拠点（クィニョンからファンランまで）に配置され、

●――沖縄復帰記念式典（一九七二年五月十五日、那覇市民会館）

獰猛《どうもう》さを発揮して解放軍さえ恐れさせ、米地上軍の撤退を容易にする役割を果たしたことである。これは日韓条約の締結を強力に後押ししたことによってアメリカがえた「収益」ということができる。日韓条約を契機に経済開発行政を軌道に乗せた朴政権が、一応の政治的安定をなしとげ、五万人という大軍のベトナム派兵を実現したからである。この派兵はまた、膨大なベトナム特需と外貨（ドル）を韓国にもたらし、韓国経済の高度成長を持続させ、また現代財閥《ヒョンデーざいばつ》をはじめとする有力企業の基盤を確立させる契機ともなった。

沖縄返還協定は一九七一年六月十七日、東京およびワシントンで調印された。これは沖縄における米軍基地が安定的かつ恒常的に維持・運用できることを意味し、アメリカの極東における戦略拠点が日本の力を利用する形で確保できることをも示すものであった。このことはアメリカが、北ベトナムに対する最大の軍事援助国である中国に接近し、ベトナム戦争の規模の縮小→停戦の道を探るチャンスとなった。沖縄基地の米軍が安定的な駐留・発動を保障された結果、アメリカは中ソの軍事的脅威を恐れることなく、さまざまな妥協に応ずることができるようになったからである。返還協定が調印された翌月、キッシンジャーは極秘のうちに北京にはいり、ニクソン訪中→米中和解→中国のベトナム軍事支援の縮小というシナリオの端緒を開き、世界を驚かせた。しかし、その後のベトナム戦争の和平に向けた交渉の経過と停戦を知っている者の眼には、これが沖縄返還協定と密接に連動していたことは明らかである。だからベトナム停戦の早期実現のためにも、沖縄返還協定は予定どおり実施される必要があった。同年十二月、協定は日本の国会で批准された。それを待ちかねたように翌一九七二年二月、ニクソンは北京を訪問し、周恩来《しゅうおんらい》首相の熱烈な歓迎を受け、毛沢東《もうたくとう》主席との会見も果たした。三月十五日、返還協定の批准書交換が行われ、五月十五日に発効した。その直後からベトナム停戦をめざすパリ会談は急速に進展し、一九七三年一月二十七日、ベトナム和平協定▲が調印された。

沖縄返還協定について、日米共同声明の背景説明にあたったジョンソン国務次官は、「一九五一(昭和二十六)年の対日平和条約締結以来もっとも重要な出来事」であり、「日米関係の頁《ページ》がめくられて戦後が終わり、新時代が始まった」と述べた。

この「新時代」という表現は、沖縄返還協定が日米関係の歴史のなかに占める

▼**ベトナム和平協定**　一九七三年一月二十七日締結の停戦協定で、米、ベトナム民主共和国、サイゴン政権、南ベトナム臨時革命政府各代表が調印した。戦争の即日停戦、米軍の撤退、統一問題などに合意した。

画期性を的確に示している。日本はこの協定を実施することによって、一九六九年七月にニクソンがグアムで発表したいわゆる「グアム・ドクトリン」(アジア諸国には防衛努力の強化を求め、米の負担を軽減する)の先導施行者となった。ベトナム戦争が「ベトナム化」、すなわち地上戦では米軍が撤退しベトナム人に肩代わりさせるかわりに、米軍は空爆を一層強化するという方式に転換されるなかで、その米軍が空爆のカナメとなる嘉手納基地を自由に使用し、かつ日本が基地の防衛を分担し、さらに米資産の買取りの名目で三億ドル余をアメリカに支払うというアジアでは類例のない事例が開かれたのである。これは一九七八(昭和五十三)年から正式に始められる「思いやり予算」▲の事実上の端緒となった。

また米軍が日米安保条約の「極東条項」に縛られることなく、日本の基地から出撃することを日本政府が支持し、さらに特需などの方法で支援するという前例ともなった。この時期のアジアの基地国家、たとえばフィリピンや韓国が米軍に基地を提供する代償として膨大な援助を要求し、「グアム・ドクトリン」の発表を余儀なくさせたという事情を考えあわせるならば、日本のこの動きがニクソン政権をどれほど力づけたかは想像にあまるほどである。

▼**「思いやり予算」**　金丸信《かねまるしん》防衛庁長官が一九七八年六月の国会で、日米関係で信頼性を高めるため、円高・ドル安のなかで、在日米軍の経費を分担するという「思いやりがあってもよい」と発言し、六一億円が計上された。このような予算は前年から計上されていたが、これ以後「思いやり予算」と俗称され、年々増額された。

●——沖縄の基地つき返還を「第二の琉球処分」として抗議するデモ隊（一九七二年五月十五日、那覇）

「完全復帰」を要求する運動

沖縄と日本本土で、返還協定の調印に対して「核も基地もない沖縄返還」を要求する運動が相当な盛上がりをみせたことも、記憶すべきことであろう。この時期までに毎年四月二十八日を「沖縄返還デー」として沖縄と本土で連帯行動が組織されてきた。とくに返還協定を前にした一九七一（昭和四十六）年四月二十八日には、那覇市で「日米共同声明路線の返還協定粉砕・完全復帰を要求する県民総決起大会」が開かれ、五万人が参加した。東京の中央集会には約八万人が参加した。さらに五月十九日には沖縄で「日米共同声明路線の返還協定粉砕・完全復帰を要求する五・一九ゼネスト」が組織され、五一組合約五万人が二四時間ストを、八〇〇〇人が時限ストや年休行使による休業に参加した。一九六五（昭和四十）年の人口調査によれば沖縄の人口は九三万四一七六人なので、沖縄における「完全復帰」運動に約五万人が参加した事実は、驚くべきことである。

沖縄返還協定の実施

協定の実施とともに「琉球政府」およびアメリカ「民政府」は廃止され、沖縄県が正式に発足した。佐藤首相までもが一九六五(昭和四十)年八月の訪沖に際してパスポートを携行させられたわけであるが、以後、沖縄・本土のあいだの往来は自由化された。また日本政府は、協定実施と同時に沖縄開発庁を設置し、本土との格差をなくすための努力を行わざるをえなかった。

しかし、ベトナム戦争で米軍が沖縄を総合基地として使用するなかでの「基地つき・自由出撃返還」は、沖縄県民の不満を解消することができず、六月二十五日に行われた沖縄県知事選挙では革新統一候補の屋良朝苗が七万票差の圧倒的多数で当選し、同時に行われた県議会選挙では革新共闘会議の県議が計二二人となり、二〇人の自民党を上回って過半数を制した。

この交渉で隠密役を務めた若泉敬によれば、沖縄返還は「戦争で失った領土をテーブルで取り返す」ものであったとされるが、その物差《ものさし》ではかるならば、「取り返したもの」はあまりに少なく、米軍に支出された費用はあまりに多く、まず解放されるべき米軍基地は「取り返す」ことなく残されたのである。また、この交渉での取引の対象となった繊維の対米輸出規制問題は、その後「日米繊維戦争▲」と俗称されるほど過熱化し、佐藤が「助けた」はずのニクソンは訪中の前日までそれを佐藤に知らせず、頭越しの米中国交正常化を行って佐藤の面目をつぶし、彼を引退に追い込んだのである。佐藤は六月十七日引退を表明したが、同日ウォーターゲート事件▲が発覚したのは奇縁というほかない。

▼日米繊維戦争　日本から米国への繊維製品輸出をめぐる日米の対立をさし、一九六九〜七一年がピーク。日本の輸入品が米国南部の繊維産業に打撃をあたえたと、米国業界代表者がニクソン政権を突き上げ、日本に対米輸出の規制を求めた。南部は大統領選の共和党支持基盤のためニクソンは「南部戦略」と称する強硬策をとった。

▼ウォーターゲート事件　一九七二年六月十七日、ワシントンのウォーターゲートビルの民主党全国委員会本部に、共和党関係者が盗聴器を仕かけるため侵入し、逮捕された事件を発端に、裁判で共和党が行ってきた不法な情報活動が暴露され、ついに大統領の関与が疑われるにいたった事件。ニクソンは同年八月八日、大統領の辞任を余儀なくされた。この言葉は、その後、大統領の政治モラル失墜や政治腐敗の代名詞となった。

④—アジアの変容と日米関係の再編

アメリカの対ソ戦略強化と日本の誘引

ベトナム戦争の終結とともにアメリカはアジア戦略を大きく転換した。その要因の一つは、アメリカがベトナム戦争で予算・人命・国力を大規模に消耗しているあいだに、ソ連が着々と軍備増強を進め、とくに戦略兵器を急速に強化して米軍を追い越したとみられたことである。アメリカの推計によれば、一九七二年度をとれば、ソ連の軍事予算は約九一〇億ドルとなってアメリカの八三四億ドルをぬき、たとえばＩＣＢＭ(大陸間弾道弾)でも一六一八基を配備し、米軍の一〇五四基をはるかに上回った。また攻撃型潜水艦では原子力艦三四隻・ディーゼル艦二一〇隻、計二四四隻を数え、これに対して米軍は攻撃型原子力艦五六隻・ディーゼル艦三五隻、計九一隻と遅れをとっているとされた。アメリカは、これらのソ連軍が高度に核武装され、かつかなりの部分がアメリカ本土に近いオホーツク海に集結されており、いつでもアメリカ本国を攻撃できる態勢にあると判断したのである。この判断をもとに在日米軍は、一転して対ソ戦に重点を移すことになった。

同時に「朝鮮有事」が近いという判断も強く、在韓米軍や韓国軍とともに、在日米軍もこれに備えた態勢と訓練を行っていた。今日知られている事実では、一九七五年四月のサイゴン陥落と北ベトナム主導のベトナム統一は、金日成《キムイルソン》▲をおおいに鼓舞し、彼に、朝鮮戦争を再開して朝鮮半島の統一を実現したいという強い欲求を起こさせた。つまりアメリカの「朝鮮有事」という観測は、まったく事実無根ではなかったわけである。金日成はこの目的のもとに中国から軍事援助をえるために北京《ペキン》を訪問したが、中国政府は再度の朝鮮戦争には手を貸せないとして援助を拒絶した。ベトナム戦争支援の負担にたえかねた中国が、アメリカとの関係改善をはかりつつあるなかで、一〇〇万人の犠牲を強いられた朝鮮戦争に再度かかわることは、国益にもあわず、なによりも中国民衆の支持をえられないことであったにちがいない。これによりアジアは事なきをえたのである。

第三は、ベトナム戦争で落ち込んだアメリカ経済・財政を立てなおし、この間に失った世界市場を取り戻すことであった。それは重要度の低い海外基地か

▼**金日成**　一九一二〜九四年。戦前、抗日武装闘争を指導し、戦後、朝鮮民主主義人民共和国(北朝鮮)の指導者となり、一九五〇年六月、朝鮮人民軍総司令官として朝鮮戦争を発動したが、領土統一には失敗した。一九七二年より終生共和国主席となる。一九七五年のベトナム統一に強い刺激を受けたと伝えられる。

ら米軍を撤退させ、同時に日本・韓国・ＮＡＴＯ諸国など重要拠点の米軍は再編・強化するとともに、それらの基地国家により多くの軍事的分担を求め、それらの国々に軍備の増強を急がせ、かつ米軍との共同演習を繰り返して戦時に即応できる能力を高めさせることであった。また、それら諸国に強要して、アメリカの資本や商品の「自由化」、すなわちアメリカからの投資や輸出に対する規制を大幅に緩和させ、ベトナム戦争中に激増した貿易と財政のいわゆる「双子の赤字」を解消する方策をとった。

日本はこれにもっとも積極的に順応した国の一つとなった。自衛隊は創設以来「北海道有事」、すなわち北海道へのソ連軍の侵攻がもっとも可能性の高い「脅威」と想定し、年次防衛計画を作成してきた。それらの多くは秘密裏に行われてきたが、米軍が対ソ戦略を重視するようになって以後、いくつかが政府の承認をえて進められるようになった。日米安保条約の主旨は、日本が直接的侵略を受けた場合、自衛隊が最初にこれに対処し、米軍の来援を待って侵略軍を本格的に排除するというものなので、それを具体化するためには、双方の役割分担や使用予定の施設を前もって協議しておく必要があった。米軍側は、日本側の計画が防衛庁長官をはじめとする政府首脳の承認をえていないことを不服とし、機会あるごとに日米共同作戦計画の政治的承認を迫るようになった。三《み》木《き》武《たけ》夫《お》▲内閣の坂田道太《さかたみちた》防衛庁長官は、統幕議長らの説明を了解し、共同作戦計画を決裁（オーソライズ）することに前例を開き、かつ日米安保協議会の下に防衛協力小委員会を設置し、共同作戦の検討を行うことを公認した。この結果、一九七八（昭和五十三）年には「日米ガイドライン」▲（日米防衛協力のための指針）が策定され、それにそって日本有事を想定した共同作戦計画が作成されるようになった。

これは同年十一月、日米安全保障協議委員会で策定され、国防会議と閣議で正式に決定された。この決定により、これまで日本国憲法の精神に照らして避けるべきものとされてきた、戦争状態を想定した日米共同作戦の立案・訓練や国内法の整備が、内閣主導で進められることになったのである。

翌一九七九年には二月にイラン革命が起こり、親米的で中東条約機構▲（METO）の中心をなしていたパフレビ▲政権が一〇〇万人の大衆デモにより打倒され、海外亡命を余儀なくされていたイスラム原理主義者ホメイニ師▲が政権に就

▼**三木武夫**　一九〇七～八八年。徳島県生まれ。明治大卒。一九四七年国民協同党を結成、片山哲《かたやまてつ》内閣に逓信相として入閣、自民党では石橋湛山《いしばしたんざん》内閣を実現し、以後三木派を率い「保守左派」を自任した。一九七四年、田中角栄の退陣後、自民党の金権イメージを転換する「クリーン三木」として総裁に推され、内閣を組織。政治資金規正法改正などの政治改革やロッキード事件解明につとめた。終戦記念日の靖国《やすくに》参拝の前例も開く。

▼**「日米ガイドライン」**　一九七八年十一月二十七日、日米安全保障協議委員会で決定された有事の際の日米共同作戦の指針。「侵略を未然に防止するための態勢」と「日本に対する武力攻撃に際しての対処行動」を詳しく規定し、共同作戦計画の研究、共同訓練の実施を定めた。日本側は翌日国防会議と閣議で了承したが、米国側はとくに承認手続きをとっていない。

き、四月、国民投票をへてイスラム共和国の樹立を宣言した。パフレビが病気を理由にアメリカへ亡命すると、十一月、テヘランで大規模な反米デモが起こり、そのなかで一部の勢力がアメリカ大使館を占拠し、大使館員など数十人を人質として拘束した。アメリカは人質の解放を求めて軍事作戦を開始したが、さらにこれを契機に、イスラム原理主義勢力を敵視し、これを封じ込めるために戦略的な対応をとるようになった。イラン側もこれに対抗して人質を拘束し続け、カーター大統領がレーガンと交代した一九八一年一月二十日、ようやく解放した。

この事件は、アメリカの世界戦略を大きく転換させた。のちにアメリカは軍隊投入の必要が生ずる可能性が高いと予想される地域を「不安定な孤」と呼ぶようになるが、これはその端緒となる事例であったといえよう。ちなみに、一九八〇年九月、イラクのフセイン政府はこれまでながらく小規模な紛争を続けていたイランに対し、この機会に乗じてイランの石油産出地クゼスタン州に本格的に侵攻し、それを奪取しようとはかった。こうしてイラン・イラク戦争が開始されたが、アメリカはフセイン政権に軍事援助をあたえ、その強化をはかっ

▼**中東条約機構**　一九五五年に英米の主導で結成された安全保障条約機構。別名バグダッド条約。当初、トルコ・イラク・パキスタン・イギリスが加盟し、中東油田地帯へのソ連の進出抑止を目的とした。一九五九年にイラクが脱退、七九年、イランのパフレビ政権が崩壊し同国が脱退し、条約機構は解散した。

▼**パフレビ**　一九一九～八〇年。ムハンマド＝レザー＝シャー＝パフレビ。イラン国王。一九六三年以来「国王と人民による白色革命」の名で上からの農地改革などを推進したが、七八年革命で退位・亡命した。

▼**ホメイニ師**　一九〇〇～八九年。イランのイスラム革命指導者。パフレビに追放されたが、革命成功後の一九七九年パリから帰国、学生の米大使館占拠を支持、イスラム共和国憲法を成立させた。対イラク戦争でフセイン打倒を叫ぶ。

たのである。

　一九七九年十二月、ソ連がアフガニスタンに軍事侵攻を開始した。アフガニスタンでは一九七八年、親ソ派軍人がクーデタを起こし、王政を倒して共和制政権を打ち立てたが、新政権内部の対立が激しく、急進派のアミン▲が反対派を追放・殺害するという事態が起きた。アミンが急進派に転じて政局を混乱させることを恐れたソ連は、アミンを倒し、より穏健なカルマル▲を政権に就けるために、特殊部隊を「一回かぎり」投入するという作戦を実施した。アミンは簡単に殺害され、カルマル政権は樹立されたが、アメリカがこれを重視し、アフガニスタンの反ソ派に軍事援助をあたえた。反ソ派諸グループがソ連軍に頑強に抵抗したため、ソ連は増援部隊を送らざるをえなくなり、それは最大時三六万人にのぼった。戦争は一〇年続き、ソ連軍は一万四〇〇〇人の戦死者と膨大な軍事費をだした。

　イラン革命とソ連軍によるアフガニスタン侵攻という二つの事件は、日本における「ガイドライン」策定の直後であっただけに、「イラン制裁」と「ソ連制裁」に対してアメリカが「共同歩調」を求めると、日本はこれを受け入れざるを

▼レーガン　一九一一〜二〇〇四年。ロナルド＝W・レーガン、映画俳優ののち大統領。俳優組合委員長時代は「アカ狩り」の闘士で名を馳《は》せた。カリフォルニア州知事をへて一九八一〜八九年まで大統領。「強いアメリカ」をめざし軍事支出を増額し、所得税を削減したため、財政赤字は急増した。

▼フセイン　一九三七〜二〇〇七年。サダム＝フセイン。タクリート生まれ。カイロ大卒。一九五七年バース党に入党し、六八年クーデタで認められ、七九年大統領となる。一九八〇年対イラン戦争を開始。九一年クウェートを併合し、湾岸戦争で返還させられた。二〇〇三年イラク戦争で敗れ、独裁者として米軍に逮捕され、処刑された。

▼アミン　〜一九七九年。ハヒズラー＝アミン。アフガニスタン人民民主党員で、一九七九年三月

えず、また、自衛隊幹部はもとより、日本政府首脳も「ソ連の脅威」を信ずるようになった。そのため、日米軍事協力はいちだんと加速されたのである。

日米軍事協力の加速

日米協力体制の加速をうながしたのはレーガン政権である。レーガン政権は一方ではソ連が増強しつつある核戦力に対して優勢を維持して「核戦争に打ち勝つ」体制をつくり、同時にイランで開始された新しい反米的革命運動を封じ込める戦略を推進した。このため、ＮＡＴＯ諸国にパーシングⅡミサイルや巡航ミサイル・トマホークを大量に配備する計画を進め、加盟各国に防衛分担を求めた。これらが一九六〇年代のような戦略核兵器ではなく、実戦を想定した戦術核兵器であったため、関係諸国民衆のあいだに「核戦争が準備されている」という危機感を高め、ヨーロッパの主要都市でこのような軍備拡張に反対する大規模な反核運動が組織された。その規模はかつてヨーロッパが経験しなかったもので、アムステルダムでは四〇万人、ボン・ローマ・パリではおのおの三〇万人、ロンドンやブリュッセルでは二五万人にのぼったといわれる。

首相に就任した。前年四月、革命によりアフガニスタン民主共和国が樹立されたが、人民党内の抗争が激しく、アミンはソ連に軍事援助を要請する一方、パキスタンと米国にも助力を求めた。同年十二月ソ連は軍事侵攻し、二十七日アミンとその一党を殺害した。

▼**カルマル**　一九二九〜九六年。バブラク＝カルマル。カーブル大卒。パルチャム党党首であったが、一九六五年人民民主党に合同し副書記長となる。革命後人民党内の抗争に敗れ、チェコ大使となり難を避けたが、アミンの死後、ソ連軍に支援され、革命評議会議長として全権を掌握した。

レーガン政権はこれを、民衆運動が停滞していた日本などアジアで埋めあわせようとした。その手始めは鈴木善幸《すずきぜんこう》・レーガン会談(一九八一〈昭和五十六〉年五月)で、その共同声明に「日米の同盟関係」の強化と両国による「役割分担」が明記された。一九八三(昭和五十八)年一月十八日に行われた中曾根康弘《なかそねやすひろ》・レーガン会談では、中曾根が「日米は運命共同体」との見解を表明し、ついで十九日、『ワシントンポスト』紙とのインタビューでソ連に対する「巨大なとりで」を築くと発言した。これは日本各紙で「日本列島を不沈空母化し、必要ならば四海峡を封鎖することも辞さない」と要約され、国民にショックをあたえた。

これ以後、日米防衛協力は新しい段階にはいった。すでに一九八〇(昭和五十五)年四月、ハワイ沖で行われたリムパック(太平洋合同演習)には米・豪・カナダ・ニュージーランドに加えて日本の海上自衛隊も参加し、米空母群の前方警戒にあたり、技量が高いと評価された。この演習自体が「ソ連に対抗する抑止力」を誇示するものであり、以後日本も毎年参加するようになったが、一九八四(昭和五十九)年度のリムパックに同行した『朝日新聞』記者の取材によれば、演習で想定される攻撃対象が「ソ連太平洋艦隊ミサイル原潜基地ペトロパブロフスク＝カムチャツキや千島《ちしま》列島に擬せられていた形跡が濃厚」(七月四日)とされた。演習の形で、自衛隊は「日本への武力攻撃」に対してではなく、日本の領海のはるか遠方で米軍が行う先制攻撃作戦を支援するために能力を磨き続けていたのである。

一九八四年十二月、「ガイドライン」に基づく最初の「日米共同作戦計画研究」が在日米軍・自衛隊両首脳のあいだで調印された。これは「日本有事」「極東有事」の際の自衛隊の行動と米軍の来援を中心に、おのおのの役割を取り決めたものであり、厚さが五センチにもなる詳細なもので、「最高機密」とされ、国会で質疑は行われたが、国会議員にも公表されなかった。なお国会の質疑では、必要に応じて米軍が核兵器を使用することもありえることが示唆された。また一九八六(昭和六十一)年十二月には「シーレーン作戦研究」も調印された。これは日本側が一九八一年の鈴木・レーガン共同声明で「一〇〇〇カイリ・シーレーン防衛」を公約したことに基づくもので、南西アジアやペルシア湾での紛争が日本に波及することを想定し、日本近海約二〇〇〇キロのシーレーンを制圧しようとするソ連潜水艦や爆撃機を自衛隊が排除し、西太平洋の制海権・制空権を確保すること、北海道に上陸したソ連軍を日米共同で撃滅すること、さらにソ連軍の侵攻基地に対して米軍が主力となって攻撃・侵攻を行うというもので、詳細は「機密」とされている。

中期防衛力整備計画

日本政府はこれに見合う戦力を保持するために、一九八五（昭和六十）年九月、「中期防衛力整備計画」を閣議決定した。これには「わが国周辺海域における海上交通路の安全確保能力の向上」が明記され、その予算規模は、一九八六（昭和六十一）年から九〇（平成二）年の五年間に総額一八兆四〇〇〇億円とされ、田中《たなか》角栄《かくえい》▲内閣以後の各内閣がほぼ一五年間に支出した一七・七兆円を上回り、これによってＯＴＨ（水平線外レーダー）・空中給油機・イージス艦などを配備するというものであった。ＯＴＨは三〇〇〇キロ先の軍用機や艦船まで探知する能力をもつレーダーで、東京にすえたとすれば北はカムチャツカの北端、東はハワイ近辺までが探知できるものである。またイージス艦は射程二キロの中距離ミサイルや対潜ロケットを電子制御する能力をもつもので、一隻一三〇〇億円と

▼**田中角栄**　一九一八〜九三年。新潟県生まれ。高等小学校卒。一九四七年総選挙で当選し、佐藤栄《さとうえい》作《さく》内閣の蔵相、自民党幹事長、通産相など実力者となり、七二年佐藤の後継内閣を組織した。同年日中国交回復を実現し、日本列島改造論をもとに国土開発政策を進めた。狂乱物価を招き、金権政治が批判され、退陣。一九七六年ロッキード事件で逮捕、起訴され、有罪判決を受けた。

従来の護衛艦の二倍近い建造費を要し、これまで先送りされてきたものであった。レーガン政権はこの計画を、日本がはじめて「戦略的戦力」を装備することに踏み切ったものと評価した。これによって、本来の日本防衛を越えて西太平洋全域での日米共同作戦が可能になり、リムパックで想定してきたような戦争が公海上で発生した場合、日本は防空・対潜・兵站《へいたん》・通信の各分野で米軍を支援することができるようになるという意味である。なおこれを機会に、中曾根康弘▲内閣は、防衛予算を「ＧＮＰの一％枠」にとどめるという一九七六年に三木内閣が決定した規制枠を越え、防衛費を増額する政策に転じた。

中曾根内閣はまた、一九八五年一月の日米首脳会議でレーガン政権の「ＳＤＩ」（戦略防衛構想）に理解を表明し、翌八六年九月、この研究に参加することを閣議決定した。ＳＤＩ計画は当時評判の高かったアメリカ映画「スターウォーズ」になぞらえ、通称「スターウォーズ計画」と呼ばれたが、大陸間弾道ミサイルで攻撃された場合、それを大気圏外で破壊することをめざす研究であり、その開発研究に日本が正式に参加することは、「専守防衛」の範囲を宇宙にまで拡大する、政策の大転換を意味するものであった。また一九八七（昭和六十二）年

▼**中曾根康弘**　一九一八年〜。群馬県生まれ。東大卒。佐藤内閣で防衛庁長官、田中内閣で通産相などを歴任し、一九八二年首相となる。「戦後政治の総決算」を唱え、レーガンとの首脳会談後、記者に、ソ連に対抗して「日本不沈空母化」論を語り、米国への軍事技術輸出も開始した。

一月、「日米地位協定についての特別の措置に関する日米協定」が結ばれた。これは一九七七(昭和五十二)年に開始された「思いやり予算」を拡大するための協定で、その第一条では在日米軍人の調整手当・扶養手当・通勤手当・住居手当・夏季手当・年末手当・退職手当まで日本側が「二分の一を限度として」支給するとし、本来アメリカ政府予算で支給するものまでをも補給することが約束されたのである。

日本の「思いやり予算」の急増ぶりは、ある外国人研究者▲が驚きをもって追跡している。それによれば開始年度の一九七七年に五・八億ドルであったものが、七九(昭和五十四)年には一〇億ドルとなり、それは在日米軍(沖縄駐留分を含む)の経費の三〇%を占めた。右の協定の翌一九八八(昭和六十三)年には二五億ドル、九〇年代初頭には六〇億ドルとなり、在日米軍経費の実に七〇%、米兵一人当りにして二万ドルに達した。西ドイツでも一時期「思いやり予算」をだしていたが、それも最高時の支出が米兵一人当り五〇〇〇ドルで、七六年にはこれを完全に打ち切った。

▼**ある外国人研究者**　Christopher SANDARS, *America's Overseas Garrisons: The Leasehold Empire*, Oxford University Press, 2000. クリストファー＝サンダース『アメリカの海外駐屯軍――基地租借帝国』(邦訳なし)。この本は日本・韓国・フィリピン・ドイツなどにおかれた米軍基地への米国の支出、各国への援助、各国の応対などが詳細に比較・記述されていて面白い。

▼**ゴルバチョフ**　一九三一年〜。ソ連・スクヴロポリ出身。モスクワ大卒。一九八五年三月、チェルネンコの死後ソ連共産党書記長と

なり、米ソ冷戦の終結、戦略核兵器の廃棄、「ペレストロイカ」(改革)、「グラスノスチ」(情報公開)などを推進し、世界を驚かせ、かつ支持を受けた。

▼**チェルノブイリ原発の事故**　一九八六年四月二十六日、ウクライナ共和国のチェルノブイリ原子力発電所で起こった史上最大規模の爆発事故。制御棒を引きぬいた際、原子炉が暴走を起こして大爆発し、放射性物質が周辺やヨーロッパ各地を汚染し、一部は日本にまで達した。

▼**ブッシュ**　一九二四年～。ジョージ＝ハーバート＝ウォーカー＝ブッシュ。イエール大卒。CIA長官、副大統領などをへて一九八九年一月、第四十一代大統領に就任。同年ソ連のゴルバチョフとマルタ島で会談し、冷戦終結宣言をだし、一九九一年には米軍を中心に湾岸戦争を実行した。

冷戦の終結と湾岸戦争

ソ連では一九八五年にゴルバチョフ▲がソ連共産党書記長となって政権を掌握し、「ペレストロイカ」(改革)と「グラスノスチ」(情報公開)をスローガンに、米ソ間の核軍拡競争やアフガニスタン侵攻により疲弊しきったソ連の生き残りをはかった。「核時代における新思考」をスローガンに、外部に対してはアフガニスタンからソ連軍を撤退させ、核戦争の否定、米ソなど諸外国との協力による安全保障、環境問題の優先を訴え、国内では西側諸国の協力をえて市場経済に移行して経済的復興と成長をはかった。一九八六年四月二十六日、チェルノブイリ原発の事故▲による大爆発は、ゴルバチョフの「新思考」路線を加速する重要な契機となった。同年秋にレイキャビックで行われた米ソ首脳会議で、ゴルバチョフは核抑止力の削減と戦略核兵器の一方的な廃棄を表明し、米ソの核軍拡競争に終止符を打つことを宣言した。一九八九年十二月二～三日、ゴルバチョフは同年米大統領に就任したブッシュ▲と地《ち》中海《ちゅうかい》のマルタ島で会談し、両者は共同宣言で「冷戦《れいせん》の時代が終り、新しい時代にはいったことを確認」した。この宣言は、同年中にあいついで起こったソ連軍のアフガニスタンからの完全撤退、ワルシャワ条約機構▲（ＷＴＯ）の解体と東欧社会主義政権のあいつぐ崩壊などを総括し、冷戦におけるソ連の敗退を認めたものである。同年十一月の「ベルリンの壁▲」の撤廃はこれを象徴する事件となった。その後、一九九一年九月にはソ連共産党が解散し、同十二月にはソ連邦が解体するのである。

ブッシュ政権の「強力なアメリカ」政策

ソ連の崩壊によって米ソ核戦争の危機は去った。この時期には日米同盟を「ソ連の脅威」を軸とするものから、たとえばＡＳＥＡＮのような平和的・文化的協力を軸とするものに転換する余地が生まれたということができる。しかし、ブッシュ政権はソ連とのあいだで戦略兵器削減条約▲（ＳＴＡＲＴⅠ）を結んで大陸間弾道弾の廃棄を行うなど一定の核軍縮を実施したものの、外国におかれた米軍基地・施設のネットワークをむしろ強化し、紛争や局地戦争にただちに米軍や同盟軍を派遣できる戦略、「選別的抑止」政策を進め、第三世界での戦闘に即応できる態勢を築くことに力をそそぐようになった。そのため、太平洋・地中海・ペルシア湾に駐留する米軍を質的に強化し続け、関係同盟国に軍備増強

▼ワルシャワ条約機構　一九五五年五月に結成された相互防衛機構で、ＮＡＴＯ（北大西洋条約機構）と西ドイツの再軍備に対抗し、ソ連・アルバニア・ブルガリア・チェコスロバキア・東ドイツ・ハンガリー・ポーランド・ルーマニアを原加盟国とした。アルバニアは一九六八年に、東ドイツは九〇年に脱退し、ソ連・東欧の社会主義国の解体により、九一年七月解散した。

▼「ベルリンの壁」　ベルリンは第二次世界大戦後、米・英・仏・ソの共同管轄下におかれたが、一九四九年東西両ドイツが成立し、東ベルリンは東独の首都、西ベルリンは西独の一部となった。その後、ベルリンが東独から西側諸国への住民の流出口になったため、六一年八月、ワルシャワ条約加盟国は、スパイ活動防止を理由に「ベルリンの壁」を築き、住民の移動を厳禁した。一九八九年十一月

九日、東ベルリン民衆が蜂起し壁を破壊した。

▼**戦略兵器削減条約**　一九九一年七月三十一日、モスクワで米ソが調印した条約で、戦略核兵器やその運搬手段の上限を決めたもの。戦略核兵器運搬手段の上限は一六〇〇基・機、核弾頭は六〇〇〇個などで、核弾頭数でアメリカ一五%、ソ連二六%の削減になる。これは一九九四年三月、批准された。

を求めた。

一九九〇年八月二日、イラクがクウェートに侵攻し、これを併合した。イラン・イラク戦争ではアメリカはイラクのサダム＝フセイン体制に援助をあたえ、その結果フセイン体制は格段に強化された。その体制をもって石油資源が豊富でペルシア湾に良港をもつクウェートを併合したのである。国連安全保障理事会(安保理)は翌三日、イラク軍をただちに撤退させるよう要求したがフセイン政権はこれに応じず、そのため安保理は十一月、一九九一年一月一日までにイラクが撤退しない場合には、加盟国に武力行使を認めるという決議を採択した。期限切れを待ってアメリカは米軍を主力とする多国籍軍を組織し、一月十七日、イラクに対する空爆を開始した。こうして湾岸戦争が開始された。この戦争に投入された兵力は七〇万人にのぼり、その主力は五四万人の米軍であり、これにイギリス・フランス・エジプト・サウディアラビア・シリアなど二八カ国が加わり、多国籍軍として「砂漠の嵐」作戦を展開した。空爆によりイラクの軍事施設、交通・通信網、発電施設、飛行場・防空施設、化学兵器工場、原子力研究施設などを破壊し、二月下旬からは地上作戦を主力とする作戦に転じ、クウエートのイラク軍を一掃して二月二十八日、ブッシュ米大統領は戦争の終了を宣言した。三月三日、イラクは、国連安保理のイラク軍のクウェートからの完全撤退と停戦を求める決議を受諾し、戦争は終結した。約五五万人のイラク軍が受けた損害は戦死者五～一〇万人、戦傷者一五万人、捕虜六万人とされる。これに対して多国籍軍は戦死者約一三〇人、事故などによる死者約一〇〇人で、近代戦争史のなかでも例をみない一方的な戦闘になった。これはアメリカがベトナム戦争で多大の戦死者をだし、国内で大反戦運動を引き起こした経験に学んで作戦を立てた結果である。

国連平和協力法の策定

イラクのクウェート侵攻がなされて約一カ月後の一九九〇(平成二)年八月二十八日、海部俊樹《かいふとしき》▲内閣は「中東における平和回復活動にかかるわが国の貢献策」を発表し、自衛隊の派遣はしないことを言明し、三十日、それにかわって湾岸での平和回復活動一〇億ドル(約一五〇〇億円)を拠出すると発表、さらに九月十四日、拠出金を一〇億ドル追加し、かつエジプト・トルコ・ヨルダンな

▼**海部俊樹**　一九三一年～。名古屋生まれ。早稲田大卒。衆議院議員となり、自民党三木武夫派に属した。一九八九年、自民党がリクルート事件の打撃と参議院選挙惨敗を受けて総裁に選ばれ、海部内閣を組織した。一九九一年政治改革関連三法案が廃案となり、責任をとり辞職した。

ど紛争周辺国への支援のために二〇億ドルを支出することを決定した。

しかし、ブッシュ政権は日本のこうした経済的支援に満足せず、さまざまなルートをとおして「自由を守るために血を流せ」と要求するようになった。九月二十九日にニューヨークで行われた日米首脳会談で、ブッシュは「自衛隊が輸送とか医療などの面で多国籍軍の後方支援に参加すれば、世界に歓迎されるだろう」と、日本が軍事力を派遣するよう正式に申し入れた。海部内閣はこれを受けて、十月十六日、「国際連合平和協力法案」を閣議決定し、臨時国会に提案した。この法案には国連平和維持活動だけでなく、「その他の活動」として多国籍軍への後方支援活動にも自衛隊を参加させることが規定されていた。

この法案に対しては反対世論▲が強く、自民党領袖のなかにも、この法案では自衛隊を憲法で禁じられた戦闘行動に事実上参加させることになることを危惧する者や、国連軍または多国籍軍の司令官の指揮下にはいる「参加」を余儀なくされる可能性が高いなどとして反対する者が多く、国会の質疑でも政府側答弁に混乱がめだち、この法案はついに廃案に追い込まれた。

この直後に湾岸戦争が開始された。海部内閣は、開戦から一週間後の一九九

▼**反対世論**　『朝日新聞』一九九〇年十一月六日付掲載の世論調査では、自衛隊の海外派遣に「反対」と答えた者が七八％に達し、「法案賛成」は二一％にとどまった。

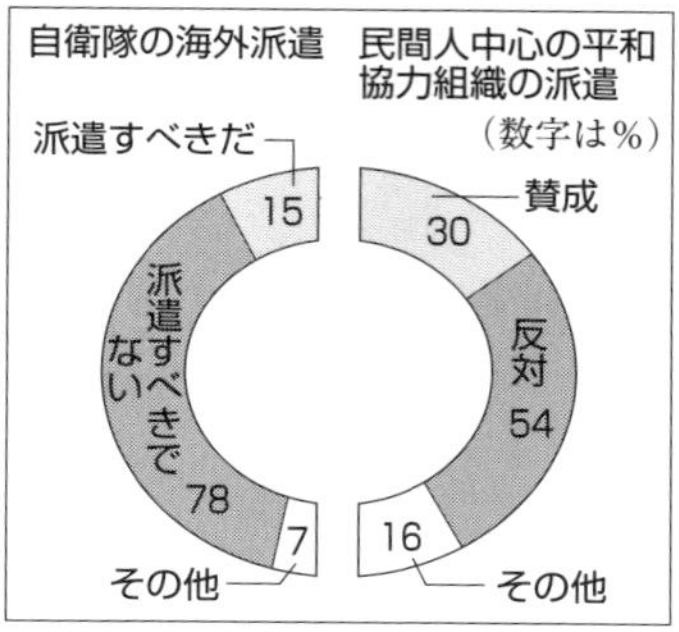

●—**国連平和協力法についての世論調査**（『朝日新聞』一九九〇年十一月六日）

●——カンボジアでPKO活動に従事する自衛隊員たち（一九九二年十月）　地雷を探知しているところ。

▼宮沢喜一　一九一九〜二〇〇七年。東京生まれ。東大卒。池田

一（平成三）年一月二十四日、多国籍軍への支援金として九〇億ドルを支出することを決定した。ドイツおよびアラブ産油諸国も多額の戦費を負担した。

湾岸戦争は一九九一年二月二十八日に終結したが、アメリカは日本の戦費支出を評価せず、駐日大使を通じ、日本が戦後処理の一環として掃海艇をペルシア湾に派遣するよう求めた。海部内閣はこれに抗しきれず、四月二十六日、掃海艇六隻を湾岸地域に派遣することを決定した。また国会で廃案になった「国連平和協力法案」にかわるものとして、同年九月、いわゆる「PKO法案」（「国連平和維持活動等に対する協力に関する法案」）を国会に提出した。これは自衛隊を直接に国連平和維持活動に参加させるという主旨であり、さきに「平和協力法案」が廃案になったおりに自民・公明・民社の三党で合意した「自衛隊とは別個の国際平和維持活動に協力する組織をつくる」という主旨とも異なっていた。

海部内閣は衆議院PKO特別委員会に「PKO参加五原則」を提出し、派遣する際の要件として、⑴派遣先での停戦合意が存在していること、⑵受入国の合意が存在していること、⑶中立を保って活動すること、⑷上の三点がくずれた際には一時業務を停止するか撤退すること、⑸武器の使用は、自己防衛のため

必要最小限とすることを原則とする、とした。武器の使用が明記されたことに対して議論が集中し、これについて政府は憲法第九条が禁ずる「武力の行使」ではなく、「自己保存のための自然権的権利」であると答弁した。しかし派遣されるのが警察官ではなく、軍事力としての自衛隊であるため、後藤田正晴《ごとうだまさはる》元官房長官さえ、この法案が武力行使をもたらす可能性の高い「ガラス細工のように危うく……アジアの近隣諸国からも批判の声があがっている」と批判した。

一九九一年十一月成立した宮沢喜一《みやざわきいち》▲内閣は、国連カンボジア暫定機構（ＵＮＴＡＣ）が明石《あかし》康《やすし》国連事務次長を代表として一九九二（平成四）年三月から発足したことを受け、またこれに参加できなければ「日本の権威が国際的に低下する」とする自民党の主張にも押され、自民・公明・民社三党による平和維持軍（ＰＫＦ）への参加の凍結、国会の事前承認などの修正をへて参議院委員会での可決を実現した。しかし参議院本会議では野党の牛歩戦術による徹底抗戦が組織され、投票は三泊四日にわたり、六月九日未明、ようやく参院を通過した。続いて六月十六日、衆議院本会議で採決が行われたが、社会党・社民連の議員は辞職願の提出により抗議するとしてボイコットし、共産党のみが牛歩戦術を

蔵相の秘書官として対米交渉に手腕を発揮し、一九五三年池田・ロバートソン会談に同行した。一九九一年海部内閣を継ぎ組閣し、日米貿易摩擦・不況に対処、自衛隊の国連平和維持活動参加を実現した。

●在日米軍経費の分担額と割合（小泉親司『日米軍事同盟史研究』をもとに作成）

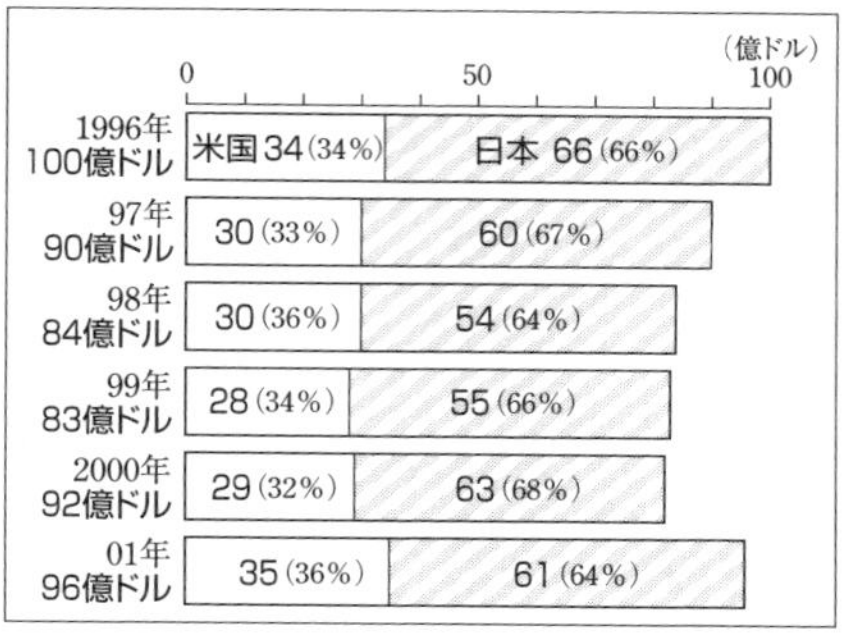

とって抗議の意志表示を行った。ＰＫＯ法はこのような経過をへて十六日午後八時二十九分、可決・成立した。

「日米防衛協力」の拡張

一九九三年一月、「国民生活優先」のスローガンで当選したクリントン▲が大統領に就任した。冷戦と湾岸戦争の終結を受けて、米国民は、ジョンソンの提起した「貧困との戦争」の実施を望んだのである。しかし同政権は全面軍縮への道を選ばず、安上がりで軍事干渉主義を継続する方策をとった。そこで派遣米軍経費の七〇％近くを進んで負担する日本などの基地を活用し（前ページ図参照）、米軍への支援や共同作戦を求める方針を強めた。その根拠には北朝鮮の核兵器開発と、イラク・フセイン政権の周辺再侵攻の動きがあげられた。

この結果、一九九七年九月二十三日、あらたな「日米防衛協力の指針▲」が日米外務・防衛首脳会談▲で合意された。それは日本の「周辺事態」に米軍が出動した場合、対米軍事支援を行うことや共同作戦と相互協力計画を取り決めることを明記した。先に「研究」とされたことが、ついに「実施」に格上げされたのである。

▼クリントン　一九四六年〜。ウイリアム＝Ｊ・クリントン。ジョージタウン大卒。ベトナム戦争に反対、オックスフォード大に留学し従軍を逃れた。アーカンザス州知事ののち、一九九二年民主党大統領候補となり当選、翌年から第四十二代大統領。

▼「日米防衛協力の指針」（「新ガイドライン」）　一九七八年の「ガイドライン」の改定版で、極東だけでなく中東の有事の日本への波及（「周辺事態」）に対する日米の共同行動・軍事協力を規定した。

▼日米外務・防衛首脳会談　オルブライト国務長官・コーエン国防長官・小渕恵三《おぶちけいぞう》外相・久間章生《きゅうまふみお》防衛庁長官などが出席した。一九九六年四月十七日の橋本龍太郎・クリントン首脳会談で出された「日米安保宣言」の主旨を具体化するために開かれたもの。

⑤―米軍再編下の日本

九・一一事件

二〇〇一年九月十一日、ハイジャックされた二機の民間航空機がニューヨークの世界貿易センターのツインタワーにあいついで激突し、二機の乗客・乗員のほかセンターで働いていた人、消火や救命に向かった人など計二七九二人が死亡し、タワーは二棟とも崩壊した。また別の一機は国防総省ビル（ペンタゴン）に突入し、航空機の乗客・乗員、国防省職員など計一八四人が死亡した。さらにもう一機はピッツバーグ近郊に墜落し、乗客・乗員四〇人が亡くなった。これを「同時多発テロ」または九・一一事件と呼んでいる。まもなくこれがウサマ＝ビンラディン▲に率いられるテロリスト集団「アルカイダ」により、長い準備の末決行された自爆テロ事件であることが判明した。ブッシュ大統領（湾岸戦争時期のブッシュの息子）はこれをアメリカ合衆国に向けられた「戦争行為」とみなし、「国際テロ撲滅のための総力戦」を宣言して、各国に同調するよう強く求めた。ブッシュ政権はイギリスのブレア▲政権と協力してアルカイダの本拠地ア

▼ウサマ＝ビンラディン　一九五七?～二〇一一年。サウディアラビアの富豪ラディン家の息子で、一九八〇年代後半、イスラム過激派組織でアフガン解放をめざすアルカイダを組織し、九四年、サウディの国籍を剝奪され亡命した。資産をもち、アフガニスタンの過激派タリバンに庇護され、アメリカへの「聖戦」を唱え、二〇〇一年九・一一事件を首謀したとされる。

▼ブレア　一九五三年～。トニー＝ブレア。フェティス＝コレッジ卒。一九九四年労働党党首となり、九七年、一八年続いた保守党政権を倒し労働党内閣を組織した。国民の税負担をおさえ、地方分権や地域コミュニティーの力で医療・教育などの改革をはかる「第三の道」をとったが、成果はあがらず、イラク戦争での米国ブッシュ政権への追随に批判が高まり、二〇〇七年六月退陣した。

●――同時多発テロで破壊されるアメリカ・ニューヨークの世界貿易センターのツインタワー（二〇〇一年九月十一日）

フガニスタンへの進攻を準備し、同地のタリバン政権に対しビンラディンとアルカイダ構成員の引渡しを要求し、各国にもこれに協力するよう求めた。国連安全保障理事会は同時多発テロ非難決議を採択し、テロ組織への資金援助の根絶を国連の全加盟国に義務づけることを決議した。十月七日、米英軍はアフガニスタンへの空爆を開始したが、ビンラディンらの捕捉はできなかった。

ブッシュ・ドクトリン

アフガニスタン進攻とほぼ同時に、アメリカ国内では「愛国者法」が成立した。これはテロリストを厳しく取り締まり、かつその支援者への罰則を強化することを主眼とするもので、テロリストの疑いのある外国人を捜査令状なしに拘束したり、連邦捜査局（ＦＢＩ）に電話盗聴・尾行・ネット監視などを司法手続きなしに行う権限をあたえたりするもので、これが実施されると、アラブ系住民から人権を侵害されたとの訴えが続出した。

翌二〇〇二年一月、ブッシュは議会での演説で「テロとの戦争」を宣言し、イラク・イラン・北朝鮮を「悪の枢軸」と非難した。九月には「アメリカ国家安全

▼ラムズフェルド　一九三二年〜。ドナルド＝H・ラムズフェルド。プリンストン大卒。フォード政権下で国防長官となり、巡航ミサイルの開発を進めるなど、議会の軍縮派に対抗して軍備増強を強行した。ブッシュ政権で再度国防長官となり、強硬派ぶりを発揮してアフガン進攻やイラク戦争を推進したが、二〇〇六年罷免された。

保障戦略」と題する報告書を発表し、アメリカと世界が直面する最大の脅威は大量破壊兵器を開発している「ならず者国家（ローグ・ステーツ）」や、大量破壊兵器の保有を企てる国際テロ組織であるとして、必要な場合には、自衛権を行使して先制攻撃や単独軍事行動を辞さないという強硬な姿勢を明言した。

このブッシュ・ドクトリンはまずイラク戦争に適用された。二〇〇三年三月二十日、米軍によりサダム＝フセイン大統領を狙ったイラクに対する空爆が開始され、引き続き米英軍を主力とする「イラクの自由」作戦が進められた。この作戦は、テロリストへの支援の中止と大量破壊兵器に関する査察の受入れを要求した国連安保理決議の無条件・即時実施の要請がイラクにより拒否されたことを契機として開始されたものではあるが、アメリカは国連や国際機関で合議した結果として戦争にはいるという方式をすて、アメリカが先制攻撃を「必要」であると判断した場合には一方的に戦争に突入し、これに協力または支持する勢力が「有志連合」を形成して参戦したり支援行動をとったりするという方式をとることになったのである。ラムズフェルド▲国防長官の発言によれば、「使命が有志連合を決める。有志連合が使命を決めることをわれわれは認めない」という方式に転換したのである。「使命」とはこの場合、イラク戦争に突入するということであり、「われわれ」とはアメリカのことである。この発言の裏には「使命に協力・支援しないと米国との同盟関係が崩壊する」という脅しが隠されているわけであり、その結果、「有志連合」に加わったのは日本も含め四四カ国となった。イラク戦争の「使命」は、(1)フセイン政権の打倒、(2)大量破壊兵器の発見と廃棄、(3)イラク国内のテロリストの拘束と駆逐、にあるとされた。(1)は四月九日、フセイン政権の崩壊によって達成されたが、(2)はのちに誤報であったことが確認され、イラク戦争を主導したアメリカに対するイラク住民の反発は激化した。とくに旧バース党員・軍人・イスラム過激派などは組織的な武装闘争を展開した。五月一日、ブッシュ大統領は戦闘終結を宣言した。しかし武装闘争や自爆テロなどの戦闘行為はなくならず、二〇〇五年十二月に新憲法に基づく国民議会選挙が行われてマリキ政権が発足したのちも、社会の安定化は達成されていない。

▼バース党　アラブ社会主義復興《バース》党。アラブ民族の復興を目標に、自由・統一・社会主義をスローガンとする政党で、一九四〇年代にシリア人が結成し、アラブ諸国に支部を結成し、六〇年代にアラブ革命を推進、六三年シリアで、六八年イラクで政権を握った。一九七九年以後のフセイン政権もバース党を基盤としたので、イラク戦争後、旧バース党員は反米派として米軍の占領に強く反抗した。

▼イスラム過激派　イラクにはイラク聖戦アルカイダ、アンサール・イスラム、ムハンマド軍など六武装勢力が「イラクのムジャヒディン・シューラ評議会」を結成し、自爆テロ・爆破・要人暗殺・誘拐・強盗などを行ってきた。これらの勢力はイスラム原理主義（イスラム教徒が従うべき信条・道徳・行動などを示したイスラム法の厳格な実践によりイスラム社会の再建をめざす）を標榜する。

▼マリキ　一九五〇年〜。ヌーリ＝マリキ。バグダッド大修士。シーア派勢力の統一イラク同盟の有力構成勢力であるダアワ党に所属し、フセイン政権下ではイラン、シリアに亡命し、二〇〇三年五月に帰国。二〇〇五年一月の制憲議会選挙で当選し、バース党排除委員会・憲法起草委員会委員などをつとめ、〇六年四月首相に指名、五月から政権に就いた。

急がれる米軍再編

　ブッシュ政権によるこれらの戦争は、米軍それ自体を再編成するチャンスとされた。これまで米軍は冷戦に対応することを主目的とし、ソ連とその同盟国（共産主義諸国、おもにワルシャワ条約機構軍）を包囲して、核兵器を含む攻撃を受けた際にはただちに反撃できる能力を備えた「重厚長大型」の軍事基地や部隊を配置してきた。そのため各基地や部隊は特定の地点に固定され、特定の任務をあたえられていた。たとえば米太平洋軍は太平洋および極東地域を守備範囲としており、日米安保条約が米軍の駐留の目的を、日本の防衛とともに「極東における国際の平和および安全の維持に寄与」するためと規定していることは、条約締結当時の太平洋軍にあたえられていた任務と照応していたのである。

　そこでブッシュ政権は、米ソ冷戦が終り、かつ二十世紀末からイスラム原理主義勢力を中心とするテロ活動、核拡散防止の対象国における核武装の企て、大規模な地域紛争などがあらたな問題として台頭し、アメリカの覇権や利権をおびやかすようになったという情況の変化に対応して、海外に駐留する米軍の構成と配備を抜本的にみなおす作業に着手した。これが二〇〇一年八月であるが、この矢先に九・一一事件が発生し、アメリカの防衛体制の弱点を痛打したのである。

ブッシュ政権は、この事件によって喚起された米国民の報復を求める熱狂的風潮に乗じ、テロとの戦いと米本土防衛により大きな比重をおいた「トランスフォーメーション」(再編)を大車輪で推進した。米軍再編はケネディー政権のもとでも行われたが、この時期には軍事予算の膨張はむしろ経済成長の推進要因として歓迎された。しかしブッシュ政権のもとでは予算の削減が求められ、そのため、米本土の基地を整理統合する一方、米軍を「ハイテク・機動力型」に改良し、兵員を極力削減することがめざされた。かつ在外米軍の重点をアジアに移し、日本を含む海外基地を強化して、飛躍的に高度化した情報技術(IT)に支えられながら、テロリストのような実態把握のむずかしい敵手に対しても迅速に対応し、世界のいかなる場所にも一〇日以内に必要な米軍兵力を展開し、三〇日以内に撃破するという想定がなされたのである。

その要点の第一は、「戦略展開拠点」(PPH)に強力な米軍を配置し、現地の援助をえながら迅速に展開できる態勢をとることである。これは米軍を出動させる際、本国から発進させることから生ずる時間的ロスを大幅に短縮し、そのうえ出動までの期間に軍事訓練を行っておくことのできる場所である。米軍がこの拠点として来たのは、イギリス・日本・グアム・ディエゴガルシア(インド洋にあり、イギリスから租借《そしゃく》)の四つである。これを支えるのが、予想される脅威に対抗するための主要作戦基地、必要なときに米軍の駐留を認める前方展開施設、米軍の装備と物資をあらかじめ備蓄しておく施設、艦船や航空機の中継基地・訓練基地などを提供してくれる安全保障協力対象国などである。

この態勢のもとでは、「重厚長大型」の時代には明示されていた各地域軍の作戦担当区域が相当に広域化されたため、たとえば軍事作戦の区域として「極東地域」というような区分がほとんど意味をもたなくなった。また核兵器を含め、米軍により使用される兵器は時と場合に応じて米軍自身が選択することが当然とされ、同盟国の合意をえて決定することは拒否され、この分野での「事前協議」は問題にされなくなったのである。

要点の第二は、再編とともに在外米軍の基本方針が大きく変えられたことである。それは、(1)米軍部隊には一応の担当地域・配備地域はあるが厳しく限定

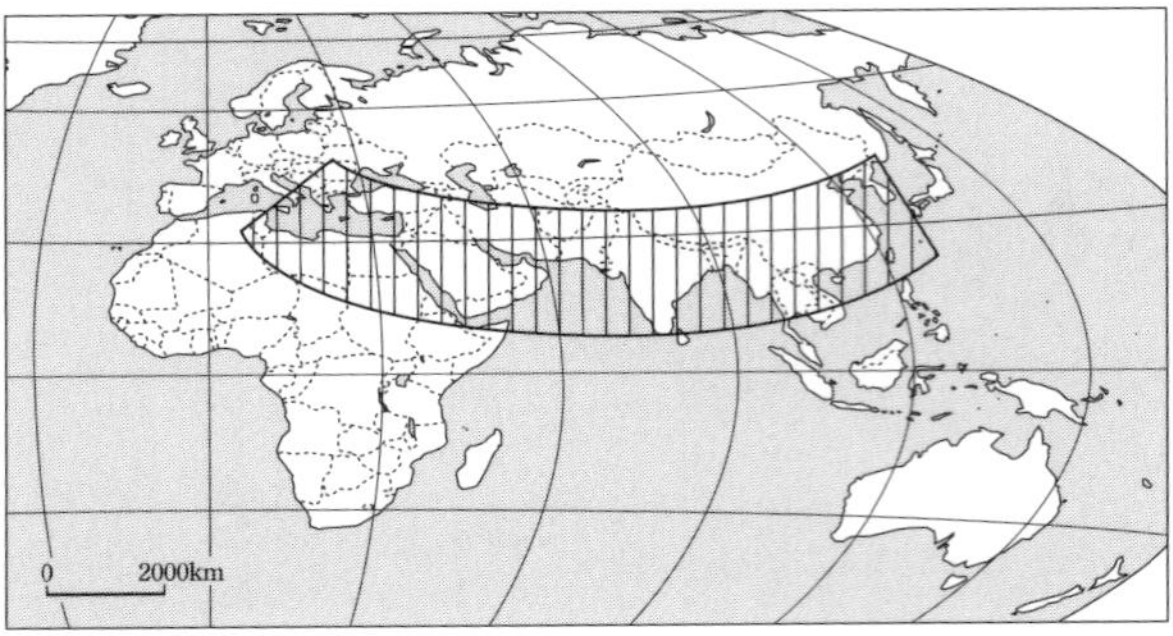

●—不安定な弧（江畑謙介『米軍再編』をもとに作成）

せず、その作戦対象は全世界とする、⑵それぞれの地域の政治的・社会的安定、米軍の作戦の支援などに同盟国・友好国の軍隊をできるだけ活用する、⑶在外米軍基地や施設（名目上当該国のものであれ租借地であれ）は、その建設費・維持費を可能なかぎり当該国に負担させる、と要約できる。冷戦《れいせん》時代には、アメリカの支払う基地使用料や米軍特需《とくじゅ》、軍事援助は、基地保有国の親米政権を維持し、経済成長をうながすための不可欠の費用とみなされた。この態度には相当大きな変更が加えられ、基地国家の軍事力・財政力・工業能力を積極的に活用する方式が導入されたのである。

では、この再編後、米軍投入の必要度がもっとも高いと想定されている地域はどこであろうか。それはアメリカが「不安定な弧」と形容する地域であり、台湾・朝鮮半島に始まり、ユーラシア大陸の南の縁辺から北アフリカにいたる地域である。米軍主導の戦争が実行されたアフガニスタンやイラク、またアメリカが「ならず者国家」とする北朝鮮およびイランはすべてこの地域に含まれている。アメリカの戦略展開拠点はまさにこの「不安定な弧」地域と密接な関連のもとに指定されたのであり、この周辺（日本・グアム・イギリス）ないしはそのまっ

●――主要国の受入国支援(HNS)比較(2001年)

	米軍駐留人数	直接支援	間接支援	合　計	米軍1人当りの支援額
	人	万ドル	万ドル	万ドル	ドル
日　本	39,691	345,663	115,822	461,485	116,269
韓　国	37,972	46,545	38,465	85,010	22,388
ドイツ	71,434	821	85,345	86,166	12,062
イタリア	11,854	290	32,113	32,403	27,335
イギリス	11,361	2,006	11,384	13,390	11,786

久江雅彦『米軍再編――日米「秘密交渉」で何があったか』による。

ただなか(ディエゴガルシア)におかれているのである。

二十一世紀初頭の日本の位置

上の表は、ブッシュ政権が成立した二〇〇一年におけるおもな米軍基地保有国の対米支援額(「受入国支援」HNS)を比較したものである。駐留米軍人数はドイツが圧倒的に多いが、これは二国間協定によるものではなく、NATO軍として駐留する米軍である。二国間協定によるものでは日本がとくに多くの米軍を受け入れていることがわかろう。さらに驚くべきことは、駐留米軍人一人当りの支援額である。その額は日本が一一万六〇〇〇ドル(約一三〇〇万円)とずばぬけて多く、ついでイタリア・韓国が二万ドル台、ドイツ・イギリスはいずれも一万ドル余と低くなる。「思いやり予算」として駐留米軍に支援を始めたのは福田赳夫《ふくだたけお》内閣で一九七七(昭和五十二)年のことであるが、当初は総額で五億八〇〇〇万ドルであった。一九九〇年代初頭には一年で約六〇億ドルとおよそ一〇倍にはねあがり、米兵一人当り二万ドルに達した。それがほぼ一〇年のうちにさらに六倍化したわけである。一九九〇年代初頭ですでに在日米軍の駐留費の七〇%を日本が負担していたから、米軍からみれば、以後の日本は例外的に安く基地を利用できる国になったわけである。

さらに日本の地政学的位置の重要性が増した。かつて朝鮮戦争やベトナム戦争のための根拠地として在日米軍基地がフルに活用されたわけであるが、現代の日本は、米軍再編の中心対象とされる「不安定な弧」の東端に位置し、大量の軍需物資や食料を必要に応じて短期間のうちに調達することができ、また基地の防衛機能はほとんど自衛隊が担当してくれるので、米軍はこの在日米軍基地から後顧のうれいなくどの地点にも出動することができる。さらに主力艦である空母や潜水艦の一般的な修理・整備を行うのに必要な大型ドックは横須賀《よこすか》や佐世保《させぼ》に確保されているが、これは近隣諸地域にはないものである。艦艇および航空機の修理や営繕の機能は、この二カ所にとどまらず、朝鮮戦争以来の米軍特需と関連して、それぞれの各基地周辺で資材、技術、熟練労働者を提供する態勢が整えられてきた。そのうえ、高度の空爆からゲリラ鎮圧作戦にいたる幅広い作戦のための多様な軍事訓練を行うことのできる場所が提供され、また情報収集や兵員の慰安などの環境も好適になった。

政治の面でもアメリカの政策をほとんど無条件に支持・支援する自民党を中心とした政府が存続し、基地反対運動やイラク戦争に反対する世論などはあるものの、過激な政治勢力は弱く、テロ・ゲリラ活動は姿を消した。その意味で社会的秩序の安定度も高いといえる情況になった。

こうして一九九一（平成三）年九月に米比基地貸与協定▲を破棄し米戦略海・空軍を撤退させたフィリピンとは対照的に、日本は、米軍からすれば維持費がもっとも安く、高度で広範囲の作戦が自由に展開できる根拠地を提供する国になったのである。

「ショウ・ザ・フラッグ（軍事力を派遣しろ）」

九・一一事件の翌日から、海上幕僚監部（海幕）は米軍支援の計画立案を開始した。アメリカとの関係がもっとも深い海上自衛隊幹部が九・一一事件でのアメリカ人の怒りの激しさを察知し、米軍が戦争に突入することを予見したためであり、あえてその支援のイニシアティヴをとろうとしたのである。その結果「テロ攻撃および米軍支援に関する海上自衛隊の対応案」が作成された。防衛庁

▼**米比基地貸与協定**　一九四七年三月十四日調印。正式名称は「アメリカ合衆国とフィリピン共和国との間の軍事基地に関する協定」。フィリピンは一九四六年七月四日に独立したが、憲法に軍備放棄条項をもち、本格的な軍事力をもたなかったので、米軍が基地をおき、フィリピンを防衛するとした。巨大な空軍基地や海軍基地がおかれ、米軍がベトナム戦争などに利用したので、激しい反対運動が起こった。

内局は、このなかに集団的自衛権の行使にあたるものが含まれていることから難色を示したが、外務省北米局は、海幕との非公式の調整をへてこの案を受け入れ、九・一一事件への日本政府の対応を示す「外務省案」に、アメリカが戦争を開始した場合、米軍の施設の警備を行うことや、情報収集のための護衛艦を派遣することなどを明記した。金だけでなく軍事力を拠出して有志連合に加わり、ラムズフェルドのいう「同盟の崩壊」を防ごうとしたのである。

同年九月十四日、海幕は空母キティーホークが横須賀を出港するという情報をキャッチした。この出港は、羽田《はねだ》に向かう旅客機がハイジャックされて同艦に突入することを恐れたからである。十八日、在日米軍司令部が海上保安庁と防衛庁に対し、正式に出港するキティーホークを浦賀《うらが》水道三〇キロにわたり護衛するよう要請してきた。二十一日、同艦は巡視船艇二六隻に囲まれ、護衛艦「しらね」と「あさぎり」に前後を伴走されて浦賀水道をでた。同艦は九月三十日にいったん横須賀に帰港し、翌十月一日、アフガニスタン戦争の作戦支援のためインド洋に向けて出港した。この際も巡視船艇二四隻が護衛した。

九月十五日、福田康夫《やすお》官房長官が自衛隊を派遣するための特別措置法をつくることに合意し、法案の準備に着手した。九月十三日以来外務省・防衛庁・内閣法制局の担当官に官房副長官を加えた会議が開かれ、アメリカが戦争にはいった際の対策を検討していたが、米大使館とも連絡し、米軍は海上自衛隊の補給艦による給油と航空自衛隊の輸送機による輸送などを求めていることをつかみ、福田に進言した結果である。さらに十五日、柳井《やない》俊二《しゅんじ》駐米大使がアーミテージ国務副長官とあい、テロ対策として日本がアメリカなどからの評価がえられる方策を練った。これが日本の新聞に、「アーミテージは"Show the Flag."といった」と報道され、アメリカが自衛隊の派遣を求めていると理解された。この言葉はアーミテージが述べたのではなかったが、小泉《こいずみ》純一郎《じゅんいちろう》▲内閣の対米協力姿勢を後押しする役割を果たした。

九月十九日、小泉首相は記者会見を開き、「テロ根絶に向け、日本としても米国はじめ関係諸国と協力しながら、主体的な取組みをしたい」とし、自衛隊を派遣するために必要な措置や国内の米軍施設の警備強化に必要な措置など七項目の具体策を発表した。二十五日、小泉はホワイトハウスにブッシュ米大統領をたずね、首脳会談でこの七項目を示した。会談後の記者会見で、ブッシュ

▼**小泉純一郎**　一九四二年〜。横須賀生まれ。慶応大卒、ロンドン大留学。一九七二年に衆議院議員に当選して以後連続当選。自民党に属し、厚生相・郵政相などを歴任、二〇〇一年派閥政治打破・財政構造改革を唱えて総裁に当選、内閣を組織した。郵政民営化、自衛隊のイラク派遣など、政治路線を大きく変化させた。

は、「首相は米国民との連携を示し、テロリズムとの戦いに加わるため、日本からわざわざ来てくれた」と褒め、小泉は「(テロとの戦いという)地球大の目標のため、われわれは忍耐と決意をもって戦わなければならない」と語った。

十月五日、小泉内閣は、テロ特措法《とくそほう》▲案と自衛隊法改正案を閣議決定した。この主旨は、(1)諸外国の軍隊などに対する物品・役務・便宜の供与、(2)戦闘参加者の捜索・救助、(3)被災民への食糧・医薬品などの輸送と医療など人道的支援、とされた。さらに自衛隊員に許される武器使用の基準を変更し、ＰＫＯの、自分と現場にいる同僚を正当防衛で守る場合に限るという規定から、「職務を行うにともない自己の管理のもとにはいった者」をも正当防衛で守ることができるという規定へと拡大した。これは被災民や米軍などの傷病兵を守るという意味である。

テロ特措法は、九・一一事件の衝撃が日本でも痛感され、かつアフガニスタン戦争の開始が騒然とした雰囲気をかもしだしつつあるなかで国会に上程され、わずか二〇日間の審議で十月二十九日に通過した。またこれに続いて上程された自衛隊法改正案は、一九九二(平成四)年のＰＫＯ法の成立以来凍結されてき

▼テロ特措法　正式名称は「テロ対策特別措置法」。二〇〇一年の九・一一事件を受け、これに対応する米軍などの軍事行動を支援するための法律で、テロ特措法案、在日米軍基地などを自衛隊が守る「警護出動」や秘密漏洩の罰則強化を盛り込んだ自衛隊法改正案、不審船への船体射撃の要件を緩和した海上保安庁法改正案の三法案の三つが国会に上程され、同年十月二十九日の国会で成立した。

たＰＫＦ本隊業務への自衛隊の参加を解除し、またテロ特措法に盛り込まれた武器使用基準の緩和条項を自衛隊法にも適用することを主旨とするもので、これは一六日間の審議で十二月七日に通過した。

十一月九日、海上自衛隊の護衛艦「くらま」「きりさめ」と補給艦「はまな」が約七〇〇人の隊員を乗せて佐世保港を後にした。行き先はアラビア海、自衛隊史上、実戦場への軍事支援に加わる最初の出港であった。テロ特措法によれば米軍および諸外国の軍隊に対する「協力支援」が目的のはずであるが、古庄幸一《こしょうこういち》護衛艦隊司令官は、派遣される部隊の指揮官に、この出動は「支援ではない。日本のため、ひいては世界のために、テロを封じるのだ」と訓示したという。しかもこの出動は、防衛庁設置法の「調査・研究」に基づく情報収集を法的根拠とするものであり、テロ特措法によるものではなかった。特措法は法律としては成立していたが、派遣の基本計画がまにあわず、待っていたら戦争が終りかねない情況であった。これらは、出動がまさに「ショウ・ザ・フラッグ」に即応したものであったことを示している。戦争は十一月七日、米軍などに支援された北部同盟のカブール制圧とタリバン▲政権の崩壊により、事実上終了した。し

▼タリバン　ソ連軍撤退後の内戦下のアフガニスタンで、マドラサ(イスラム学院)の教師・生徒を中心に、ムハンマド＝オマル導師のもとで結成された武装勢力。当初はカンダハルにより、イスラムによる秩序の回復と国土の統一、犯罪撲滅などを主張して勢力を拡大し、一九九六年にはカブールを制圧し、「アフガニスタン・イスラム首長国」を宣言した。同年、ビンラディンを迎えいれ、配下のアルカイダを吸収することで一層強大化した。

「ショウ・ザ・フラッグ」

かしビンラディンらテロリストの追跡作戦はなおも継続された。

日本政府の基本計画は十一月十六日の閣議で決められ、それは自衛隊の目的をインド洋などでの艦船燃料の補給、輸送、人員・物品の輸送などとした。これにより同月二十五日、護衛艦「さわぎり」・補給艦「とわだ」・掃海母艦「うらが」の三隻がインド洋に向けて出発した。

補給艦「はまな」による洋上補給は十二月二日、アラビア海で米補給艦に対して行われた。ここはアフリカ北西部からアフガニスタンにわたりテロリストや武器を運ぶルートとみなされ、ここで米軍および有志連合諸国の艦艇が行動していたからである。アラビア海での燃料補給は無償で行われ、その対象国は当初米英に限られていたが、二〇〇三(平成十五)年春からは仏・加・独・パキスタン・ニュージーランドなどにも給油することが日本と各国との政府間で合意され、計一一カ国の艦艇に補給が行われた。同様な海上補給はインド洋でも行われ、たいへんな量の燃料がまずアメリカに、ついで有志連合諸国に供与され、それらの国の作戦を支援する役割を果たすようになった。その結果、日本は有志連合諸国のあいだでしだいに発言力を増し、指導的存在とみられるようになっていった。

日本の政府・与党はまた、九・一一事件直後から陸上自衛隊をパキスタンに派遣し、野戦病院をつくって傷病兵の手当てにあたらせ、また避難民キャンプで医療・防疫などを行わせようとする協議を開始した。さらに戦後復興のために地雷除去をさせようとする動きもあらわれた。医療部隊派遣の企ては、パキスタン側が米軍以外の軍隊の駐留を忌避したため白紙に戻された。また陸上幕僚監部首脳は、広範囲の地域の地雷を除去する設備や能力をもたないとしてこの提案の受入れを拒んだ。そのかわり、東ティモールへのPKOに参加し、二つの戦争を進める米軍の負担を軽減するという迂回的な協力の方法をとった。陸上自衛隊の派遣は二〇〇二(平成十四)年二月に始められ、その数は六八〇人にのぼり、PKO派遣事業としては過去最大規模となった。派遣された部隊は施設部隊が中心で、道路・橋などの維持・補修など後方支援業務を行った。

「ブーツ・オン・ザ・グラウンド(地上部隊を派遣せよ)」

二〇〇二(平成十四)年十月、ワシントンで開かれた日米の安全保障審議官級会合で、ローレス国防総省次官補佐代理がこのように述べた。主旨は、日本はアフガニスタンに陸上自衛隊(陸自)をださなかったが、イラクでの戦争には派遣してほしいということである。アメリカは九・一一事件直後からイラクでの戦争計画の策定を始めており、中東での軍事訓練を重ね、そのたびに兵員や武器をひそかにイラク周辺の基地に備蓄してきていた。パウエル国務長官が「イラクの武装解除」に向けた外交努力を行う一方で、ラムズフェルド国防長官は米中央軍に対して戦争の準備を命じ、アフガン戦争の有志連合諸国にも打診を進めていた。ローレスの発言はこの打診の一環としてだされたものである。イラク戦争はこのような周到な根回しのうえ、開始されたものである。

これに対する反対の気運は世界中に広がり、二〇〇三年二月十五日にはヨーロッパ諸国、アメリカ、アラブ諸国など約六〇〇都市でイラク反戦デモが行われ、約一〇〇〇万人がこれに参加した。開戦後も反戦デモは続き、その規模はベトナム反戦運動をはるかに上回るものであった。日本でも各地で集会や反戦デモが行われ、二六都道府県議会と四九〇市町村議会がイラク反戦を決議した。また日本の国際法学者はイラクの戦争は国際法上、違法であるという声明をだ

▼パウエル　一九三七年〜。コリン＝L・パウエル。ニューヨーク市立大卒。ジャマイカ移民の子で、一九八九年黒人初の統合参謀本部議長となる。ブッシュ政権で国務長官となり、国際協調主義を唱え、二〇〇三年九月、ブッシュは彼の意見をいれ、イラク戦争終結宣言後の国連演説で安保理との協議を重視するとの発言を加えたが、実際にはラムズフェルドら強硬派に押され、次期の政権ではライスが国務長官となった。

した。これらの運動が起こったにもかかわらず、三月十九日夜、ブッシュはテレビ演説で「私の命令で、有志連合軍はサダム＝フセインの戦争遂行能力を奪うため、軍事上重要な目標に対する限定的な攻撃を始めた」と宣言した。

小泉首相はその約一時間後に記者会見を行い、「米国の武力行使開始を理解し、支持する」と語った。続いて臨時閣議を開き、内閣総理大臣談話を決定した。それは、日本が事態の推移を見守りながら、⑴武力行使で経済的影響を受ける周辺地域に対する支援、⑵イラクにおける大量破壊兵器などの処理、⑶海上における遺棄機雷の処理、⑷復旧・復興支援や人道支援などのための所要の措置をとる、という内容であった。小泉内閣の対応の速さは、日本があらかじめ戦争にコミットすることを米中央軍に伝え、その見返りに開戦に関する情報をえていたことを意味している。このコミットとは、外務省・防衛庁内局・海幕の担当官が決めた「戦後のペルシア湾に掃海艇を派遣して遺棄機雷を取り除く」という案で、「ブーツ・オン・ザ・グラウンド」とはほど遠く、米中央軍司令部は日本のコミットを認めなかったが、アーミテージ国務副長官が司令部に圧力をかけ、「日本は他の国と違う重要な同盟国」として参加させたのである。

翌三月二十日に行われた小泉首相の記者会見では、イラク戦争を支持する理由として「アメリカは、日本への攻撃はアメリカへの攻撃とはっきり明言」している「ただ一つの国」であり、だから攻撃を受けたアメリカの行う戦争に協力することは当然であり、これに「御理解と御協力」を求めると述べた。

しかし、ペルシア湾への海上自衛隊(海自)の掃海艇派遣は実施されなかった。政府は四月の統一地方選挙を前に世論を刺激することを恐れて実施をためらい、また海自も強力なイラク軍の機雷に対応することを躊躇しているうちに、四月中にイギリス軍の掃海隊が作業をおえてしまったためである。

五月一日、ブッシュ米大統領は空母エイブラハム＝リンカーンの艦上から演説し、「米国と同盟国はイラクでの戦いで勝利した。そして今、われわれの有志連合はイラクの治安と再建に取り組んでいる」と戦勝を宣言した。しかし今回の有志連合はアフガン戦争の際の半分にも満たず、ドイツ・フランス・カナダ・ロシアというサミット参加国の半数がこれへの参加を拒んだ。

これは、イラク戦争が世界各国民衆による反対運動の高まるなかで強行され、かつ国際世論と諸国家の支持を十分にえないまま、アメリカの主導で開始されたことを象徴している。同時にイラク国民のアメリカと有志連合諸国に対する反感を高め、戦後復興にあてられるはずの時期が、ゲリラ戦争やテロ活動・自爆テロなどの頻発する時期となり、イラクでの情況は泥沼化の一途をたどった。

●――イラクのサマワに到着した陸上自衛隊本隊第一陣（二〇〇四年二月八日、オランダ軍宿営地）

イラク・サマワへの自衛隊派遣

このなかでは戦後復興で軍事的役割を果たすことを約束して有志連合の一国となった日本は、アメリカ側からもっとも期待される国の一つとして振舞うことを余儀なくされた。五月二十五日、小泉首相は米テキサス州クロフォードのブッシュ私邸で大統領と一〇時間をすごし、その間にイラク復興支援に自衛隊を派遣することを約束した。共同記者会見でブッシュは「日本は今日、イラクの長期的な建設に指導的な役割を担うと約束した。……日本の軍隊は人道・再建活動の後方支援を行う予定だ」と語り、小泉は「日米がともに国際協力を築いていくことで大統領と一致した。日本はイラクの国家再建を積極的に支援する」と述べた。これは先崎《まっさき》一《はじめ》陸上自衛隊幕僚長らとの事前の根回しもなく行われた約束で、そのため陸幕は六月上旬、急いで「イラク・プロジェクト」を立ち上げ、展開地域についての情報収集や活動の検討作業にはいった。

政府・与党は国会で審議中の有事法制関連三法案▲の成立を急ぎ、六月九日に同法が成立すると、「イラク特措法案」を会期末直前の国会に提出した。法案には自衛隊の役割として、イラクにおける、(1)人道復興支援(国民に対する医療・食糧の提供、設備の復旧など)、(2)安全確保支援(アメリカや有志連合への後方支援)の二つが明示された。この法案には五月二十二日に国連安保理で採択された決議のなかの「イラクの安定・安全への貢献」や「人道支援」の文言が援用された。しかし国会の論戦のなかで、支援活動は非戦闘地域に限るという強い限定がなされ、同法案は四〇日の会期延長ののち、七月二十六日に国会を通過した。

アメリカは国際世論の反発をかわすためにも、日本の軍事的参加を強く求め、約一〇〇〇人の派遣(一〇〇〇ブーツ・オン・ザ・グラウンド)を要望した。陸自はこれに近い規模の編成を検討していたが、福田官房長官から五〇〇人とせよ、との指示がだされ、結局六〇〇人となり、警備要員三〇〇人余は削れないので、人道復興業務にかかわる給水隊・衛生隊・施設隊にしわよせされ、当初予定の一〇〇人規模から数十人規模に縮小され、浄水装置の数も減らされ、浄水装置

▼**有事法制関連三法案**　武力攻撃事態対処法案、改正自衛隊法案、改正安全保障会議設置法案をさし、イラク戦争や北朝鮮のミサイル発射・核武装宣言などの事態を受け、日本が武力攻撃を受けた場合を想定した日米の軍事的対処と協力、指揮命令系統の明記などをはかったもので、法案では軍事動員の色彩が強かったため、基本的人権の保障の明記や国会の関与規定の追加などの修正を行って、二〇〇三年六月六日に国会を通過、法律となった。

を二四時間稼動させる予定が日中だけに限定された。

派遣場所として、米軍などの後方支援を行う場合には米軍の武器使用基準に従うことが必要になることからその地域は避けられ、反米勢力から反感がもたれにくい人道支援をめざし、南部の貧しいシーア派▲の町、サマワが選ばれた。

最初に派遣されたのは陸自第二師団(警備区域は北海道北部)で、自爆テロなどを想定した出発前の射撃訓練では「迷ったら撃て」という助言を受けた。また防衛庁は二〇〇三(平成十五)年末、殉職した自衛官に対する補償金の上限を一七〇〇〇万円から九〇〇〇〇万円に引き上げた。

二〇〇四(平成十六)年一月十六日、イラク復興支援先遣隊約三〇人が出発した。隊員が着用したのはグリーン・ベレーであるが、国連ＰＫＯのライトブルーではなく、陸上自衛隊固有のダーク・グレーであった。これは発足から五〇年を迎える陸上自衛隊がはじめて防衛力として海外に派遣されることを象徴するものであった。こうして小泉首相がブッシュに約束した「ブーツ・オン・ザ・グラウンド」は実現され、陸自は「有志連合」への正式参加を果たしたのである。

▼**シーア派**　「アリーを支持する党派《シーア》」の略称。ムハンマドの死後、その娘の夫で従兄弟のアリーとその子孫をイマーム(指導者)として信奉する教派。イマームは誤りをおかすことがなく、救済の最高権威者とする点に特徴がある。イラン革命の指導者ホメイニらはシーア派のなかの一二イマーム派で、シリアではアラウィー派が主流。

米軍再編の進展

アメリカ政府・軍首脳はアフガン戦争やイラク戦争の経験をもとに、日本を一層効果的な戦略拠点とする方策を進めた。二〇〇三(平成十五)年十一月、ハワイで開かれた日米審議官級協議▲の席上、アメリカ側は日本側の予期しなかった再編案を提示した。それは二〇〇八(平成二十)年までに実施できる事項と、その後の長期的な課題に分かれており、前者はいわばただちに着手すべき緊急度の高い内容であった。その柱は、(1)米ワシントン州フォートルイス基地にある米陸軍第一軍団司令部を米軍座間《ざま》基地に移転すること、(2)横田《よこた》基地におかれている米第五空軍司令部をグアムに移転することの二点にあった。その後の長期的な再編案は、これらの司令部移転を実現させるうえでの付随的なもので、たとえば厚木《あつぎ》基地にある空母艦載機部隊を岩国《いわくに》基地に移転させるなどの構想であった。これは米軍再編の焦点の一つが日本に移されつつあることをはっきりと示すものである。

米陸軍第一軍団は、単に五つの軍団のうちの一つにとどまらず、米軍の軍事技術革命のモデル部隊であり、最新鋭の軽量な装甲車両「ストライカー」の旅団

▼**日米審議官級協議**　条約上の協議会ではなく、情報や意見の交換を名目に開かれる根回し的会議。二〇〇三年十一月二十日には、米国側からローレス国防副次官補・ラフルアー国務省特使ら、日本側からは長嶺安政《ながみねやすまさ》外務省北米局参事官・山内千里《やまうちちさと》防衛庁防衛局次長らが出席した。

を装備し、航空機による運搬が自在にできる機動性をもち、情報技術をもとにテロ・地域紛争・ゲリラ戦争などに即応できる高度の能力をもつ点で米軍の先端をいく軍団である。またこれは、二〇〇四年一月から翌五年二月までイラクに部隊を派遣していたことにみられるように、対ゲリラ戦に熟達してきた。

歴史的にも、第二次世界大戦中には日本軍と交戦し、戦後日本の占領統治にも従事し、司令部を日本においた経験をもっている。朝鮮戦争中には司令部を釜山《プサン》におき、一時は中国国境付近まで進撃するなど、代表的な局地戦争で戦闘経験を積んできた。一九八一年にフォートルイス基地に司令部を移したが、冷戦終結後の九〇年代からは、太平洋地域における緊急事態への対応を任務としており、日本の陸上自衛隊との関係も深く、「日米共同方面指揮所演習(ヤマサクラ)」を毎年二回、日米で各一回行い、フォートルイス基地付近の演習場では陸上自衛隊が戦車・多連装ロケット・対戦車ヘリコプターなどを持ち込み、日本国内では実施できないフル・レンジ(射程一杯)の実射訓練を行ってきた。

第一軍団は司令部の座間移転により、その機能を前進配備し、「不安定な弧」の情報の収集や分析、作戦の立案と軍事力の配備などにより、大きな便宜がえられ、かつ座間が首都圏にあるため兵站《へいたん》補給と輸送に至便である。また部隊を出動させる場合、地理的に近いという単純な理由から即応性がはるかに大きくなる。これが日本防衛を主目的とするものではなく日米安保条約の「極東条項」さえ考慮外とされ、中近東までをにらむ司令部であることは明白である。

この第一軍司令部の座間移転の提案は、二〇〇四(平成十六)年にはいってアメリカ政府から正式に日本政府に伝えられ、外務省は「抑止力の維持」と「基地負担の軽減」という原則を立て、これに合致するなら受け入れる旨を示唆した。

沖縄基地の再編

沖縄には海兵隊一万五〇〇〇人をはじめ、依然として計二万五〇〇〇人以上にものぼる米軍が駐留し、アメリカ政府もここを東アジアの戦略拠点として再編のなかでもますます重要な位置づけをあたえつつある。嘉手納《かでな》空軍基地は東アジア最大の規模と機能をもち、海兵隊は今も普天間《ふてんま》飛行場を拠点にし、うるま市のキャンプコートニーには米本土以外で常時配備されている唯一の実戦部隊・海兵遠征軍の司令部がおかれてきた。この結果、一九七二(昭和四十七)年

●──普天間基地への着陸直前に、沖縄国際大学校舎に墜落した米軍ヘリ(二〇〇四年八月十三日)

の本土復帰以来、二〇〇五(平成十七)年七月までに航空機関連の事故は墜落四一件を含め三六二件が引き起こされ、また同年三月までに米軍人・軍属の起こした事件は、殺人・強盗・放火などの凶悪犯罪が五四一件、これを含めた総数は五三二八件にのぼった。

この基地被害はこれまで激しい基地反対運動を引き起こしてきたが、他方で基地関連の収入は二〇〇二(平成十四)年現在で総額一九三一億円にのぼり、なかでも軍用地料収入は八六九億円、軍雇用者の所得は五四〇億円で、これらの直接的軍事収入をあわせると七三%にもなるため、県民所得の基地依存が構造化されていることは明白であり、そのため行政当局者や軍雇用者・軍事関連業者の多くは米軍基地の完全撤去を求めるのをためらうようになった。そのほか基地負担の見返りに政府から投入される公共事業費があり、これらが基地反対を低調にしてきた。

しかし二〇〇四(平成十六)年八月十三日、米軍ＣＨ53Ｄ大型輸送ヘリコプターが普天間飛行場への帰着直前に隣接の沖縄国際大学に墜落・炎上し、大学の建物の一部を破壊し、民家や車を破損させた。乗員の米海兵隊員三人も重軽傷をおった。米軍が日本の警察の要求にもかかわらず墜落したヘリの引渡しを拒否したことから、地元住民は強く反発し、同飛行場の閉鎖や返還を要求する声は日本の世論の次元においても高まった。これに対し、アメリカは普天間基地の代替地への移転に同意したが、抑止力の維持ないし強化を主張して譲らず、また移転費用の日本側負担を要求するようになった。

要するにアメリカ側に米軍の本質的な削減・縮小の意図はないということであり、その説明にあげられているのは、(1)アジア太平洋地域が欧州に比べて広大であること、(2)北朝鮮問題、中国と台湾の対立問題など不安定要因があること、(3)あらたにテロの脅威も出現しており、緊急事態が起きる可能性が高い北東アジアに即応できる軍事力を配置することは避けられない、ということであるが、これらはいずれも、九・一一事件以後に策定されたアメリカ軍事戦略の発動のために、沖縄を中心とする日本の米軍基地が重要・不可欠であるという立場を、アメリカが固守し続けていることを示すものにほかならない。

これに対して日本側は名護《なご》市辺野古《へのこ》に代替基地を設置する計画を進めているほか、本土の基地に沖縄米軍の一部を移転させる交渉を進めている。

「防衛計画の大綱」の改定

二〇〇四(平成十六)年十二月十日、「平成一七年度以降に係る防衛大綱について」(略称、「新防衛計画の大綱」)が閣議で決定された。この核心部分は「我が国に対する本格的な侵略事態生起の可能性は低下する一方、我が国としては地域の安全保障上の問題に加え、新たな脅威や多様な事態に対応することが求められている」というところである。この文章は、文頭に近いところで「米国の九・一一テロにみられるとおり」と述べているように、米軍再編の思想や方法を取り入れ、日米同盟において日本がより積極的な役割を果たそうとする態度を明示したものであり、これには明らかに、米軍再編に対応して自衛隊と日本の政治・社会体制を再編しようという意図が含まれている。

新安保体制下の日米関係の歴史は、ひとまずここで区切りとしたい。それが便宜上の区切りにすぎないことはいうまでもないが、この時期はある種の転換のきざしが感ぜられる時期でもある。これからの歴史がきわめて多くの要因の交錯をへながら進展することは誰しもが予想できることであり、私たちは、これまでの歴史の経過をみすえながら、今後の進展をみまもりたいものである。

Gacek, Christopher M., *The Logic of Force; The Dilemma of Limited War in American Foreign Policy*, Colombia University Press, New York, 1994.
Kutler, Stanley I., ed., *Encyclopedia of the Vietnam War,* Charles Scribner's Sons, New York, 1996.
Sanders, Christopher T., *America' s Overseas Garrisons; The Leasehold Empire,* Oxford University Press, New York, 2000.
Summers, Harry G. Jr., *Historical Atlas of the Vietnam War,* Houghton Miflin Company, Boston, 1995.

●——写真所蔵・提供者一覧(敬称略, 五十音順)

朝日新聞社　p. 16
AP Images　p. 80
沖縄タイムス社　p. 53, 56
宜野湾市企画部秘書広報課　p. 105
時事通信社　p. 76
時事通信社・海上自衛隊(提供)　カバー裏
毎日新聞社　p. 34
読売新聞社　カバー表, 扉, p. 5, 99

立花隆『田中角栄研究・全記録　上下』講談社, 1976年
土井正興・浜林正夫編『戦後世界史　下』大月書店, 1989年
ドワイト＝D. アンゼンハワー著, 仲晃・佐々木謙一ほか訳『アイゼンハワー回顧録』みすず書房, 1965年
中野好夫・新崎盛暉『沖縄戦後史』岩波書店, 1976年
中村哲・東アジア地域研究会編『現代からみた東アジア近現代史』青木書店, 2001年
浜林正夫・木村英亮・佐々木隆爾編『新版世界史　上下』大月書店, 1996年
林茂・辻清明編『日本内閣史録６』第一法規出版, 1981年
久江雅彦『米軍再編―日米「秘密交渉」で何があったか―』講談社現代新書, 2005年
日高六郎編『1960年５月19日』岩波新書, 1960年
樋渡由美『戦後政治と日米関係』東京大学出版会, 1990年
ベトナム戦争の記録編集委員会編『ベトナム戦争の記録』大月書店, 1988年
細谷千博・有賀貞・石井修・佐々木卓也編『日米関係資料集―1945～1997―』東京大学出版会, 1999年
マイケル＝シャラー著, 市川洋一訳『「日米関係」とは何だったのか―占領期から冷戦終結後まで―』草思社, 2004年
牧太郎『中曽根政権・一八〇六日　上下』行研出版局, 1987年
正村公宏『戦後日本資本主義史』日本評論社, 1983年
松岡完『ベトナム戦争―誤算と誤解の戦場―』中公新書, 2001年
御厨貴・中村隆英編『聞き書　宮澤喜一回顧録』岩波書店, 2005年
水口宏三『安保闘争史』社会新報社, 1969年
森口金寿『昭和人権史への証言』時事通信社, 1980年
歴史学研究会編『日本同時代史③―55年体制と安保闘争―』青木書店, 1990年
歴史学研究会編『日本同時代史④―高度成長の時代―』青木書店, 1990年
歴史学研究会編『日本同時代史⑤―転換期の世界と日本―』青木書店, 1991年
歴史学研究会・日本史研究会編『講座日本史８』東京大学出版会, 1970年
歴史学研究会・日本史研究会編『講座日本史12』東京大学出版会, 1985年
若泉敬『他策ナカリシヲ信ゼムト欲ス』文芸春秋, 1994年

●——参考文献

朝日新聞社「自衛隊50年」取材班『自衛隊—知られざる変容—』朝日新聞社, 2005年

伊藤昌哉『池田勇人　その生と死』至誠堂, 1966年（のち『池田勇人とその時代』朝日文庫, 1985年）

伊藤昌哉『日本宰相列伝21　池田勇人』時事通信社, 1985年

入江昭・ロバート＝A. ワンプラー編, 細谷千博・有賀貞訳『日米戦後関係史—1951〜2001』講談社インターナショナル, 2001年

エドウィン＝O. ライシャワー『日本への自叙伝』日本放送出版協会, 1982年

江畑謙介『米軍再編』ビジネス社, 2005年

大嶽秀夫『日本の防衛と国内政治』三一書房, 1983年

大平正芳『私の履歴書』日本経済新聞社, 1978年

大平正芳回想録刊行会編『大平正芳回想録　伝記編』鹿島出版会, 1982年

沖縄人民党史編集刊行委員会編『沖縄人民党の歴史』沖縄人民党史編集刊行委員会, 1985年

小此木政夫監修, 東北アジア問題研究所編『在日朝鮮人はなぜ帰国したのか—在日と北朝鮮50年—』現代人文社, 2004年

ガブリエル・コルコ著, 陸井三郎監訳, 藤田和子・藤本博・古田元夫訳『ベトナム戦争全史—歴史的戦争の解剖—』社会思想社, 2001年

川内一誠『大平政権・五五四日』行政問題研究所, 1982年

岸信介・矢吹一夫・伊藤隆『岸信介の回想』文芸春秋, 1981年

楠田実『佐藤政権・二七九七日』行政問題研究所, 1983年

小泉親司『日米軍事同盟史研究—密約と虚構の五〇年—』新日本出版社, 2002年

香西泰『高度成長の時代』日本評論社, 1981年

小林英夫『戦後日本資本主義と「東アジア経済圏」』御茶の水書房, 1983年

塩田庄兵衛『実録六〇年安保闘争』新日本出版社, 1986年

信夫清三郎『安保闘争史』世界書院, 1961年

下斗米伸夫『アジア冷戦史』中公新書, 2004年

ジョセフ＝ガーソン・ブルース＝バーチャード・佐藤昌一郎『ザサン・ネバーセッツ—世界を覆う米軍基地—』新日本出版社, 1994年

瀬長亀次郎『瀬長亀次郎回想録』新日本出版社, 1991年

日本史リブレット67
新安保体制下《しんあんぽたいせいか》の日米関係《にちべいかんけい》

2007年 7 月25日　1 版 1 刷　発行
2017年 9 月15日　1 版 3 刷　発行

著者：佐々木隆爾《ささきりゅうじ》

発行者：野澤伸平

発行所：株式会社 山川出版社

〒101－0047　東京都千代田区内神田 1 －13－13
電話 03(3293)8131(営業)
03(3293)8135(編集)
https://www.yamakawa.co.jp/
振替 00120-9-43993

印刷所：明和印刷株式会社

製本所：株式会社 ブロケード

装幀：菊地信義

Printed in Japan ISBN 978-4-634-54670-7